“一带一路”沿线国法律精要

澳大利亚　英国　美国卷

王贵国　李鋈麟　梁美芬　主编

ZHEJIANG UNIVERSITY PRESS
浙江大学出版社

图书在版编目（CIP）数据

“一带一路”沿线国法律精要：澳大利亚、英国、美国卷 / 王贵国，李鋈麟，梁美芬主编. —杭州：浙江大学出版社，2019.7

ISBN 978-7-308-19242-2

Ⅰ.①一… Ⅱ.①王… ②李… ③梁… Ⅲ.①法律—研究—澳大利亚 ②法律—研究—英国 ③法律—研究—美国 Ⅳ.①D910.4

中国版本图书馆 CIP 数据核字(2019)第 125206 号

“一带一路”沿线国法律精要：澳大利亚、英国、美国卷

王贵国　李鋈麟　梁美芬　主编

出 品 人　鲁东明
总 编 辑　袁亚春
丛书策划　张　琛　陈佩钰
责任编辑　吴伟伟 weiweiwu@zju.edu.cn
责任校对　杨利军　牟杨茜
封面设计　项梦怡
出版发行　浙江大学出版社
（杭州市天目山路 148 号　邮政编码 310007）
（网址：http://www.zjupress.com）
排　　版　杭州中大图文设计有限公司
印　　刷　虎彩印艺股份有限公司
开　　本　710mm×1000mm　1/16
印　　张　13.5
字　　数　257 千
版 印 次　2019 年 7 月第 1 版　2019 年 7 月第 1 次印刷
书　　号　ISBN 978-7-308-19242-2
定　　价　88.00 元

顾　问

（按中文姓氏笔画排序）

万鄂湘

全国人民代表大会常务委员会副委员长

国家高端智库武汉大学国际法研究所首席专家、名誉所长

王利明

中国人民大学常务副校长、博士生导师

“长江学者”特聘教授、“新世纪百千万人才工程”国家级人选

王振民

清华大学法学院教授、博士生导师

清华大学国家治理研究院院长

甘藏春

中国法学会副会长

司法部党组前成员

吕忠梅

中国法学会副会长

清华大学法学院双聘教授、博士生导师

任少波

浙江大学党委书记

沈德咏

第十九届中央委员、第十三届全国政协社会和法制委员会主任

中国政法大学特聘讲座教授、博士生导师

张文显

中国法学会党组成员、学术委员会主任

浙江大学、吉林大学资深教授

周谷平

浙江大学发展委员会副主席

浙江大学区域协调发展研究中心执行主任兼首席专家、中国西部发展研究院院长

贺一诚

澳门特别行政区立法会主席

全国人大第九、十、十一、十二及十三届代表、常务委员会委员

陶凯元

中国最高人民法院副院长、二级大法官

民进中央副主席

主　编

王贵国

浙江大学文科资深教授、国际战略与法律研究院院长

“一带一路”国际研究院院长(香港)

耶鲁大学法哲学博士,哥伦比亚大学法学硕士,比较法国际(海牙)科学院名誉院士、香港世界贸易组织研究中心主席、中国国际经济法学会副会长、中国国际经济贸易仲裁委员会仲裁员、香港国际仲裁中心仲裁员。先后任教于北京大学法学院、香港城市大学法学院和浙江大学光华法学院。在《中国法学》、*American Journal of International Law* 等国际和国内期刊发表论文百余篇。出版专著 20 余部,包括《世界贸易组织法》、《国际货币金融法》、《国际投资法》、《“一带一路”争端解决机制》(合编)、《“一带一路”的国际法律视野》(合编)、*Radiating Impact of WTO on Its Members' Legal System:The Chinese Perspective in Collected Courses of the Hague Academy of International Law*、*International Investment Law:A Chinese Perspective*、*Wang's Business Law of China* 等。

李鎏麟

“一带一路”国际研究院副院长(香港)

2009 年担任香港历史悠久、规模最大的慈善团体东华三院总理,2013—2019 年先后担任东华三院副主席、主席、顾问。2011 年起任香港特区政府医疗辅助队长官联会副主席、中国人民政治协商会议北京市委员会委员、北京海外联谊会理事会理事、香港善导会副赞助人兼筹款委员会主席等。2012 年被香港特区政府委任为太平绅士(JP),2018 年获香港特区政府授勋铜紫荆星章(BBS)。代表作有《“一带一路”争端解决机制》(合编)、《“一带一路”的国际法律视野》(合编)等。

梁美芬

香港城市大学法学院副教授

“一带一路”国际研究院副院长(香港)

中国人民大学法学博士、法学硕士,全国人民代表大会常务委员会香港基本法委员会委员、香港立法会议员、香港立法会司法和法律委员会主席、国际经济贸易仲裁委员会仲裁员、香港执业大律师。2000年当选“香港十大杰出青年”。2008年起连续三届当选香港立法会议员。代表作有China Law Reports (series)、*The Hong Kong Basic Law: Hybrid of Chinese Law and Common Law*、《法制改革》(编撰)、《“一带一路”争端解决机制》(合编)、《香港“基本法”的起草、理论与实践》(合编)、《“一带一路”的国际法律视野》(合编)等。

副主编

王　超

浙江大学国际战略与法律研究院副院长
浙江大学百人计划研究员、博士生导师

法学博士，浙江大学光华法学院副教授，博士生导师。耶鲁大学法学院访问学者。主要研究方向为国际法、国际经济法、国际争端解决等。近年主持国家社会科学基金、司法部、浙江省等国家和省部级课题若干项，在《法学》、《社会科学》、*Asia Pacific Law Review*、*Journal of East Asia and International Law* 等国内外刊物上发表中英文学术论文 20 余篇。兼任国际期刊 *Journal of International and Comparative Law* 编辑部主任及多个 SSCI 期刊审稿人。

程　乐

浙江大学外国语言文化与国际交流学院副院长、教授
浙江大学光华法学院双聘教授

哲学博士，浙江大学跨文化与区域研究所所长、当代中国话语研究中心主任、法律话语与翻译中心主任、网络空间国际治理研究基地副主任。主要研究方向为法学、法律话语与法律翻译、语言法律与规划、符号学。*International Journal of Legal Discourse*（ESCI）主编、*Semiotica*（SSCI/A&HCI）、*Social Semiotics*（SSCI）编委等。近年来在 SSCI、A&HCI 等国际权威期刊发表论文 40 余篇，在 Routledge、De Gruyter、Springer、Cambridge University Press、浙江大学出版社等出版专著及译著 40 余部。

董雪兵

浙江大学中国西部发展研究院常务副院长
浙江大学区域协调发展研究中心副主任

经济学博士，法学硕士，工学学士，教授，博士生导师，曾在国家发展改革委挂职一年，美国芝加哥大学访问学者。主要研究方向为区域经济学、发展经

济学与法律经济学。在《经济研究》、*The Social Science Journal* 等国内外期刊上发表学术论文30余篇；获多项省部级奖励；独著或参编著作、译著等近10部；主持或参与服务国家重大战略需求与决策的研究项目、国家社科基金重大和重点项目、教育部基地重大项目以及省社科基金项目等30余项。

“一带一路”国际研究院简介

“一带一路”国际研究院(以下简称研究院)成立于2016年1月,是香港首个有关“一带一路”倡议的研究机构,目的在于搭建一个国际性的学术与专业交流平台。研究院通过邀请“一带一路”沿线国法律、经济、金融、投资、政治、国际关系等领域的知名专家,就“一带一路”执行过程中可能涉及的问题进行研究、分析并提供意见和建议。研究院举办了四届国际论坛,编纂出版了涵盖33个国家和国际组织的《“一带一路”沿线国法律精要》《“一带一路”的国际法律视野》《“一带一路”与青年机遇》和《“一带一路”争端解决机制》(蓝皮书)等。

研究院组织国际专家起草的《“一带一路”争端解决机制》获国际社会的广泛认可,得到国家领导人的肯定性批示。基于研究院在“一带一路”争端解决机制方面的贡献和特长,其获邀代表香港作为中国国际经济贸易促进委员会发起的国际商事争议预防与解决组织的发起人。

研究院注重与国际社会和中国内地的广泛合作,先后与浙江大学国际战略与法律研究院、清华大学国家治理研究院等合办“一带一路”国际青年论坛,来自于数十个国家的青年先后两次积极参与。研究院还先后与最高人民法院“一带一路”研究中心、清华大学国家治理研究院、中国法学会学术交流中心等签订了合作协议。

研究院由浙江大学文科资深教授和美国杜兰大学Eason-Weinmann国际法与比较法讲座教授王贵国担任院长,李鋈麟博士及梁美芬博士担任副院长。研究院的国际顾问委员会由来自世界各地的26位专家学者组成。研究院另聘请42位国际专家为研究员和7位国际专家为副研究员。研究院以研究“一带一路”的相关议题和培养人才为己任,努力发挥香港国际金融中心、运输中心和争端解决中心的优势,力争为“一带一路”的实施、全球经济发展与世界和平做出贡献。

浙江大学区域协调发展研究中心

浙江大学区域协调发展研究中心是国家高端智库建设培育单位和浙江省新型重点专业智库，主要依托中国西部发展研究院（以下简称西部院）并整合校内相关研究力量成立。西部院成立于 2006 年 10 月，由国家发展改革委与浙江大学共建，时任浙江省委书记习近平同志为西部院揭牌、奠基并作重要讲话。

经过十多年建设，中心凝练了“一核心两联动”“三大研究方向”“两大支撑平台”有机组合、开放交叉的研究格局。坚持以西部大开发研究为核心，通过浙江经验和长三角一体化提升促进东西互动，通过沿边开发开放联通“一带一路”沿线国家促进内外联动；围绕区域协调发展重大理论和实践问题，依托浙江大学多学科综合优势，以区域经济合作、社会民生改善、生态文明建设为三大研究方向，人才培养和数据资源库为两大支撑平台，形成以“经济”为主体、“法律”和“文化”为两翼的开放融通研究体系。

中心全力打造党和政府决策信得过、用得上的高端智库，先后参与一系列党中央、国务院重要文件的起草，一批咨询报告获党和国家领导人重要批示，承担 20 多项由国务院印发或批复的战略规划研究与编制，以及国家社科基金“一带一路”建设重大研究专项等一批重要课题，举办了二十国集团智库会议（T20）、国际展望大会（杭州·2018）等重要活动。

浙江大学国际战略与法律研究院简介

浙江大学国际战略与法律研究院成立于 2017 年 11 月，是浙江大学重点建设的校级科研单位和新型高校智库，聘请著名国际法学家、浙江大学文科资深教授王贵国担任创院院长。王超博士担任副院长。研究院座落于景色天成的百年老校园——浙江大学之江校区，以历史建筑白房作为永久驻地。

研究院依托浙大学科门类齐全、师资队伍精良且具有良好国际视野的优势，开展对当代国际政治、经济、外交、法律、科技等重大问题的跨学科交叉研究，当前研究重点包括“一带一路”、全球治理、网络安全等领域的国际战略与法律问题。研究院的目标是以一流科研成果服务国家战略、政府决策和经济与社会发展，同时以科研促教学，培养跨学科、复合型、具国际视野的一流专业人才和未来领导者。

自成立以来，研究院承担了国家社会科学基金重大项目、国家高端智库重点委托项目等一批重要课题的研究工作，推出了《“一带一路”争端解决机制》《“一带一路”沿线国法律精要》等研究成果，打造了“一带一路”国际青年论坛、纽黑文法理学派与国际法系列国际学术会议、国际战略与法律大讲堂等学术品牌活动，并与中国国际经济贸易促进委员会、国家法官学院、“一带一路”国际研究院（香港）等机构建立了良好的战略合作伙伴关系。

代 序

自 2013 年国家主席习近平正式提出“一带一路”倡议以来，该倡议得到国际上的广泛支持。“一带一路”的“一带”最初是指涵盖古丝绸之路沿线国的经济合作带，从中国到中亚，再到西欧。“一路”指 21 世纪海上丝绸之路，即以中国为出发点，经东南亚各国到印度、斯里兰卡、也门、埃及、希腊、意大利等沿线国家之间的经济合作。不难看出，“一带一路”倡议提出之初的主要目的是推动中国与欧亚、北非国家间的合作。

经国务院授权，国家发展和改革委员会、外交部和商务部于 2015 年 3 月发布了《推动共建丝绸之路经济带和 21 世纪海上丝绸之路的愿景与行动》，对“一带一路”倡议的发展方向和内容进行了宏观的阐述，然而文件并未明晰“一带一路”倡议到底包括哪些国家。随着“一带一路”倡议的不断推进，一些非洲和南美洲的国家提出希望加入此跨世纪的合作项目，中国政府其后明确表示“一带一路”倡议具有广泛的开放性，任何国家均可加入。到目前为止，与“一带一路”倡议相关的项目仍主要集中在前述沿线国。无论“一带一路”是限于初始的沿线国家还是向所有国家开放，相关国家的文化、历史、传统、宗教、政治和法律制度不尽相同是不争的事实。

从经贸合作的角度言，“一带一路”倡议的实施必然涉及人员、商品、服务、资本、技术等跨境流动，而这些活动、交易和交往都关乎沿线国家的法律和标准之适用。古人云：“入竟(境)而问禁，入国而问俗，入门而问讳。”(《礼记 · 曲礼上》)故此，明晰沿线国家的法律制度、规范、惯例和习惯等对于成功实施“一带一路"倡议至关重要。而这正是编纂本丛书——"'一带一路'沿线国法律精要"的目的。

出版本丛书的设想源于"一带一路"国际研究院于 2016 年在香港举办的一次研讨会。与会者均认为，对"一带一路"沿线国家的法律制度、法律规范、传统，特别是与贸易、投资、金融、劳工、环境等相关的法律研究对成功推进"一带一路"倡议必不可少。只有切实了解沿线国家在法律制度、法律条文、法律的执行和不执行等方面之异同，才能顺利进行跨境贸易、投资、金融等商事活动。也只有在此基础上，相关国家才能共同制定一个法律架构，规范政府、企业和个人间的交易与交往。

基于前述，在筹备编辑本丛书之初，我们便确定了以国家为单位自成篇章，每一篇均涵盖与跨境商业活动、交易有关的法律制度、法律规范等方面的内国法，包括海关法、外贸法、外国投资法、货币与银行法、基础设施和建筑相关法律、劳工法、环境法，以及争端解决机制等。在写作方面，丛书的作者不仅关注法律法规的书面规定，而且更注重相关法律法规的实际执行情况，包括不执行的个案。遇有某项法律法规未获有效执行的情形，作者会从国内外的政治、经济、社会等维度分析其成因。

当今高度全球化世界的一个显著标志是多边和双边条约并存。这些多边和双边条约从国际层面规范了贸易、投资、金融等方面的交易与交往，同时亦直接影响到相关国家的内国法，包括立法和执法。基于此，对欧盟和东盟的研究被纳入本套丛书，目的在于了解这两个国际组织本身的制度及其成员间在法律及执行等方面的内在关联。我们希望通过对欧盟和东盟合作模式的研究，使"一带一路"倡议之实施受益。

如前所述，在"一带一路"倡议提出之初，美国和日本并不在沿线国之列。鉴于美日两国在国际经济中的重要地位及"一带一路"倡议的特质，我们亦将之纳入了本套丛书。幸运的是，中国政府其后也表明"一带一路"倡议对所有国家和地区开放。

对作者提交的文稿之编辑，我们坚持的原则是尽量保持作者的写作风格和专业判断。易言之，我们的编辑主要限于语言文字和格式等方面。在英文版出版之后，本丛书又以中文版的形式展现在世人面前。

我们相信，通过对沿线国家商事交易与交往的法律制度、规则及其执行之研析，《“一带一路”沿线国法律精要》将对“一带一路”倡议之推进与实施做出积极贡献。在此，我们向本套丛书的作者，参与本套丛书编辑、翻译的专家学者深表谢忱和敬意！

本套丛书的中文版翻译和编辑得到浙江大学国际战略与法律研究院、浙江大学区域协调发展研究中心、浙江大学中国西部发展研究院的大力支持。浙江大学出版社诸位同仁亦为出版此套丛书忘我工作、兢兢业业。在此我们向浙江大学的各位同仁表示衷心感谢！

香港旭日集团有限公司副董事长、香港制衣业总商会会长杨勋先生自本项目规划时起便鼎力支持，对杨勋先生的信任和支持我们深表谢意！

王贵国　李鋈麟　梁美芬

2018 年 3 月 18 日

目　录

澳大利亚

英　国

美　国

作者介绍

Rajesh Sharma博士目前任教于澳大利亚墨尔本皇家理工大学。他是中国香港世贸组织研究中心副主任，亚洲世贸组织研究网络的成员，韩国商事仲裁委员会的专家组仲裁员，印度仲裁员协会的专家组仲裁员，中国香港基本法教育协会的成员和秘书，全球研究中心成员，以及位于中国上海的中国拉美法律研究中心研究员。Sharma博士当选比较法科学院的准会员。Sharma博士对中国、印度和其他亚洲国家的仲裁法、投资仲裁、自由贸易协定中的争端解决、世贸组织相关问题、投资法和调解进行了广泛的研究。

Christina Platz女士是Rajesh Sharma博士的助手。

概　述

澳大利亚的经济富有弹性，可提供良好的商业和投资机会。澳大利亚经济 25 年来的持续发展归功于其高生产力水平——20 种产业中，有 15 种超过全球平均水平。[①] 三大全球信评机构均将澳大利亚的经济评为 AAA 级，并预测其在 2016 年至 2020 年间的年均实际国内生产总值增长将实现 2.9%。[②] 澳大利亚是亚太地区拥有可控资金最多的国家，对农业企业、教育、旅游、矿业和财富管理等五个行业做出了重要贡献，将进一步推动全球经济的增长。因此，澳大利亚向经商者提供了安全且低风险的经济环境。[③]

澳大利亚是全世界商业规约最完善的环境之一，同时兼具政治稳定性和规约可预见性，可为投资者提供信心和安全保证。[④] 为了更好地了解澳大利亚商业环境的规约，我们应先对其法律体系进行更好的了解。

澳大利亚联邦一直为其联邦政府及其强大稳定的经济感到自豪。澳联邦政府体制基于英国威斯敏斯特体系，由三层政府组成：[⑤]

- 联邦政府：澳大利亚联邦政府负责国家事务，包括贸易、外交政策和税收。

---

① http://www.austrade.gov.au/.

② Ibid.

③ Ibid.

④ Ibid.

⑤ Lambiris and Griffin, First Principles of Business Law(2016), 9th Edition, p. 8; http://www.aph.gov.au/About_Parliament/House_of_Representatives/Powers_practice_and_procedure/00_-_Infosheets/Infosheet_20_-_The_Australian_system_of_government.

• 州及领地政府：澳大利亚联邦有六个州(新南威尔斯州、昆士兰州、南澳大利亚州、塔斯马尼亚州、维多利亚州和西澳大利亚州)和两个领地(北领地和澳大利亚首都领地)；州及领地均具有某些权力以实现法律适用，从而保证其各自政府的稳定性、秩序性和健全性，但这些权力会受到该州及领地边界的限制。[①] 此外，州/领地同意失去某些权力并将之交由联邦政府。

• 地方政府：地方委员会负责本地的规划及发展进程，以及向本地社区提供某些服务的相关规定。

澳大利亚有两个主要政党，均亲商重商，分别为澳大利亚工党和澳大利亚自由党(与澳大利亚国民党处于长期联盟)。澳大利亚拥有成文宪法，以立法、行政与司法之间政府部门的权力分立为基础。立法部门拥有提出并制定法律的权力；行政部门负责管理法律，其成员来自立法部门；司法部门解释并适用法律，通过司法判例详述法律，其成员由行政部门任命。

在澳大利亚经商，了解普通法，认识联邦政府、州/领地政府和地方政府之间的法律法规及其相互关系具有重要意义。[②]

澳大利亚具有分层的法院系统：联邦法院系统、州/领地法院系统以及诺福克岛法院系统。特别指出，各系统法院均对审理案件的权力进行了具体界定，并依据案件性质做出并执行判决。[③]

(1)澳大利亚高等法院

(2)联邦州/领地最高法院

(3)联邦州/领地下级法院

(4)中级法院

(5)地方法院

有关澳大利亚法院等级制度更详细的概述，请参见表1。

---

① 参考事例，详见维多利亚州《1958年货物销售法》、维多利亚州《1958年犯罪法》以及维多利亚州《1981年药物、毒物及受控物质法》。

② https://www.allens.com.aupubspdf/Doing-business-and-investing-in-Australia.pdf; https://www.ag.gov.au/legalsystem/courts/Pages/default.aspx.

③ Lambiris and Griffin, First Principles of Business Law (2016), 9th Edition, p. 13.

表 1 澳大利亚法院体系

联邦	新南威尔斯州	维多利亚州	昆士兰州	南澳大利亚州	塔斯马尼亚州	西澳大利亚州	澳大利亚首都领地	北领地	诺福克岛
联邦法院合议庭	上诉法院	上诉法院	上诉法院	联邦法院合议庭	联邦法院合议庭	上诉法院	上诉法院	上诉法院	澳大利亚联邦法院
	刑事上诉法院				刑事上诉法院			刑事上诉法院	
澳大利亚联邦法院	州最高法院（多个审判庭）	州最高法院（多个审判庭）	州最高法院（多个审判庭）	州最高法院（多个审判庭）	州最高法院（多个审判庭）	州最高法院（多个审判庭）	州最高法院（多个审判庭）	州最高法院	州最高法院
联邦巡回法院	区法院	县法院	区法院	区法院		区法院			
	地方法院	治安法庭	治安法庭	治安法庭	治安法庭	治安法庭	治安法庭	治安法庭	即决法院

联邦法院对澳大利亚内涉及联邦法律的案件具有管辖权，[①]而州/领地法院的案件管辖权与其所在州/领地及其所涉及的州/领地法律适用充分相关[②]。因此，案件起诉地需考虑案件所涉及的法律领域及金额范围。县/区法院对各种民事案件，或索赔额低于 20 万澳元[③]的案件具有司法管辖权，而下级法院（治安法庭或即决法院）则有权审理涉及有限索赔数额——通常为 10 万至 40 万澳元[④]的特定民事事项。

民事诉讼应始终自最低法院提起诉讼，通常为治安法庭或者即决法院。[⑤]

澳大利亚属于普通法传统。因此，澳大利亚具有两个法律渊源：立法（法律或法案）和判例法。[⑥]

---

① 参见《1976 年澳大利亚联邦法院法》。

② Lambiris and Griffin，First Principles of Business Law (2016)，9th Edition，p. 46.

③ https://www.countycourt.vic.gov.au/about-us.

④ Lambiris and Griffin，First Principles of Business Law (2016)，9th Edition，pp. 14-15；also see https://www.magistratescourt.vic.gov.au/jurisdictions/civil/procedural-information/commencing-civil-proceedings；https://www.magistratescourt.vic.gov.au/jurisdictions/civil.

⑤ https://www.magistratescourt.vic.gov.au/jurisdictions/civil/procedural-information/commencing-civil-proceedings.

⑥ Lambiris and Griffin，First Principles of Business Law (2016)，9th Edition，p. 8；Catriona Cook et al，Laying Down the Law (Chatswood，N. S. W.：LexisNexis Butterworths，9 ed，2015)，p. 7.

虽然贸易投资与刑法具有一定的相关性，由于民法包括合同法、侵权法、代理法、消费者保护法、公司法以及财产法等，故而贸易投资与民法之间的关联更为密切。成文法补充源自法官造法的普通法，而法官造法基于司法判决，并因具有约束力司法判例的原则而生效。[①] 这意味着，立法与判例法同时管辖与贸易投资相关的法律领域。

与投资贸易相关的立法如下：

(1)《2010 年联邦竞争和消费者法》——《澳大利亚消费者法》见于该法案附件 2。

此外，州/领地可拥有仅适用于该州/领地自身的法律。例如可能有自己的法律，但只适用于州及领地。例如，维多利亚州《1958 年货物法》管辖维多利亚州境内的货物销售，其他州自身也有类似的货物销售立法。[②]

(2)公平交易的相关法律以州为层级规定于新南威尔斯州《1978 年落空合同法》、南澳大利亚州《1988 年落空合同法》、《澳大利亚消费者法》和维多利亚州《2012 年公平交易法》。

(3)《1985 年联邦贸易与投资代理法》适用于澳大利亚全境。

(4)侵权法律中某些原则以州为层级实施——维多利亚州《1958 年侵权法》、新南威尔斯州《2002 年民事责任法》、昆士兰州《2003 年民事责任法》，以及南澳大利亚州《1936 年民事责任法》等。

(5)进口相关法律以联邦为层级规定于《1901 年联邦消费法》以及《1995 年联邦海关关税法》。

(6)知识产权相关法律规定于《1990 年联邦专利法》、《1995 年联邦商标法》以及《1968 年联邦版权法》。

(7)外国投资规定于《1975 年联邦外国并购法》。

(8)澳大利亚是众多贸易协定的当事国，其列表参见：

http://dfat. gov. au/trade/agreements/Pages/status-of-fta-negotiations. aspx。

相关立法均可由此网址获取：http://www. austlii. edu. au/。

---

① Lambiris and Griffin，First Principles of Business Law (2016)，9th Edition，pp. 4-5 and 35.

② 参见新南威尔斯州《1923 年货物销售法》、昆士兰州《1986 年货物销售法》、南澳大利亚州《1986 年货物销售法》、塔斯马尼亚州《1986 年货物销售法》、西澳大利亚州《1986 年货物销售法》、澳大利亚首都领地《1986 年货物销售法》，以及诺福克岛《1986 年货物销售法》。

第一章　海关系统及法律适用

《1901 年联邦海关法》规定了有关澳大利亚进出口和转运货物的相关事项。澳大利亚政府要求行业及国际贸易界，在任何涉及进出口货物、服务以及船舶和飞机往返澳大利亚的交易中，应遵守澳大利亚海关法、任何相关的立法及法律原则。①

任何从事澳大利亚货物或服务进出口的企业，必须在其进口或出口货物的过程中直接或间接提供信息，并对其所提供信息的准确性负法律责任。提供虚假或误导性信息的行为是严格法律责任的罪行，参见《1901 年联邦海关法》第 243T 或 243U 条。②

澳大利亚政府会展开一系列检查，以验证整个供应链是否合规，其中包括但不限于文件评估、货物的物理检验、审核、桌面审计以及其他验证。③

澳大利亚政府认识到，与各行业建立有效的伙伴关系对保护澳大利亚边境和管理跨境人员与货物流动具有重要意义。因此，政府高度关注与各行业之间的合作，以认定并解决合规问题。④

政府实行"澳大利亚可信赖贸易商"计划，⑤以支持健康、安全和受惠的贸易。该计划认证出具有安全供应链和合规贸易惯例的企业，并向这些认证企业提供基于一系列贸易便利化的福利。该计划起到"授权经营者"

---

① https://www.border.gov.au.

② http://www.austlii.edu.au/au/legis/cth/consol_act/ca1901124/s243t.html; http://www.austlii.edu.au/au/legis/cth/consol_act/ca1901124/s243u.html.

③ https://www.border.gov.au.

④ Ibid.

⑤ Ibid.

(Authorised Economic Operator，简称 AEO)的作用，致力于保护国际供应链，并促进合法贸易的流动。该计划的益处包括专门的客户经理、优先贸易服务、差异化检验方式，以及享有“澳大利亚可信赖贸易商”（Australian Trusted Trader)的标志和互认协议。若一企业拥有金融偿还能力证明、澳大利亚商业号码（Australian Business Number，简称 ABN）[①]及两年参与国际贸易的经历，[②]则该企业有资格成为“澳大利亚可信赖贸易商”计划的一分子。

---

① 参见 http://asic.gov.au/。

② https://www.border.gov.au.

第二章　有关对外贸易的制度与法律

第一节　货物进口至澳大利亚

《1901 年联邦海关法》对货物的进出口做出了总体规定。

进口商(公司或个人)并不要求持进口许可证将货物进口至澳大利亚。但根据货物性质,无论价值如何,进口商需要处于海关监管下,持许可证为某些进口货物办理清关。① 无论货物是通过空运、海运还是邮购进口至澳大利亚,澳大利亚边境部队(Australian Border Force,简称 ABF)须将进口至澳大利亚的货物全部清关。所有进口价值超过 1000 美元②的货物必须通过提交完整的进口报关单,并支付任何可能适用的关税、商品及服务税(Goods and Services Tax,简称 GST 或消费税,后文统称消费税)以及其他税费。③

---

① 参见《1956 年联邦禁止进口条例》中有关受限货物的进口,包括武器、某些动植物和受保护的文化遗产项目;http://www. border. gov. auBusicargo-support-trade-and-goods/australian-trusted-trader。

② 此项税款门槛自 2017 年 7 月 1 日起废除,参见 http://www. robertsonthorne. com. aubloggst-on-low-value-imports;http://www. ey. com/Publication/vwLUAssets/EY-tax-alert-september-2015/ $ FILE/ey-tax-alert-september-2015. pdf。

③ https://www. ato. gov. au/Business/GST/In-detail/Rules-for-specific-transactions/International-transactions/GST-and-imported-goods/.

一、关税及税款

关税征收面向绝大多数进口至澳大利亚且用以国内消费的货物。税率由《1995年联邦海关关税法》[1]中的关税分类方法判定。一般来说，关税以从价为基础进行评估，意味着关税以进口商品的价值为基础。在此需注意，以关税为目的的分类较为困难，因此应咨询专家意见。消费税同样适用于大多数进口货物，占应纳税所得额的10%。进口税是海关完税价值、任何应付税款、向澳大利亚运输货物及保证其完整运输的实付或应付款项，以及任何应付的葡萄酒平衡税的累计总和。目前，对大多数海外采购价格等于或低于1000美元的货物并不征收消费税；但有消息指出，这一免消费税门槛将于2017年7月1日起废除。[2] 这将会影响消费者，但在此指出，若企业通过网上购物进口货物至澳大利亚，则进口至澳大利亚的货物适用于10%的消费税。

值得注意的是，自2017年7月1日起，澳大利亚将适用国际销售服务与数字产品的新法律，[3]而这一新法律将采用消费税。

二、检疫隔离

进口商品应由农业和水利部进行审查，以确保控制向澳大利亚传播病虫害的风险。[4]

进口商还需确保进口商品标签的正确性。例如，需要商品说明的进口货物必须表明货物的制造国或生产国，若有需要还得有货物的准确描述。[5]

---

① 参见 http://www.austlii.edu.au/au/legis/cth/consol_act/cta1995178/；进口关税及税款的计算方式可参见 http://www.dutycalculator.com/country-guides/Import-duty-taxes-when-importing-into-Australia/。

② https://www.allens.com.aupubspdf/Doing-business-and-investing-in-Australia.pdf；https://www.ato.gov.au/Business/GST/In-detail/Rules-for-specific-transactions/International-transactions/GST-and-imported-goods/.

③ 有关此法及其在外国投资中适用的更多内容请参见 https://www.ato.gov.au/business/large-business/in-detail/business-bulletins/articles/gst-on-intangibles-commencing-july-2017/，以及 https://www.ato.gov.au/Business/International-tax-for-business/In-detail/Doing-business-in-Australia/New-Australian-law-applying-GST-to-imported-digital-products-and-services/。

④ https://www.allens.com.aupubspdf/Doing-business-and-investing-in-Australia.pdf.

⑤ https://www.border.gov.au.

澳大利亚政府授权管控至澳大利亚的货物进口。这意味着政府有权：①
(a)禁止货物进口；
(b)限制货物进口，并要求提供进口许可。

(一)火器及武器

澳大利亚政府对火器与武器的管控，要求大多数进口至澳大利亚的此类器物需提供许可。此外，某些武器必须通过某些特定的测试。②《1956 年联邦海关(禁止进口)条例》的修正案于 2015 年实施，简化了特定情形下合法进口某些火器和武器的某些程序。③ 2015 年的修正案④极具重要意义，意味着进口下列货物将无须进口许可：

• 货物以转船为目的进口的[《1956 年联邦海关(禁止进口)条例》第3D 条]；

• 重新进口的火器，且该火器是澳大利亚居民在海外合法射击或狩猎活动中使用的[需符合新《1956 年联邦海关(禁止进口)条例》第 3E 条中的条件]；

• 货物是由《澳美国防贸易合作条约》中澳大利亚共同体成员进口的[新《1956 年联邦海关(禁止进口)条例》第 3F 条]。

这些修正条款将可调节、拆卸和折叠式枪托视为部分火器，而非枪支配件。这将影响其进口过程中的必要测试。

杀伤性喷雾剂及化学品已从附件 3 中删除，现已重新分入附件 13 第 45 项。而这一变化使得这些杀伤性喷雾剂及化学品与附件 13 中其他武器的处理方式一致，例如要求进口商需满足适用性“测试”。

属于战斗坦克、装甲战斗车、作战飞机、武装直升机和军舰类别内的军用车辆、军用飞机和军用船只，现已归入附件 13 第 1A 项进行管制。这可确保携有武器的进攻性军用车辆、军用飞机和军用船只的进口受控制。同时，这也可确保在进口与武器(如轴、发动机零件、变速箱、转子等)无关的民用两用部件时无须许可证。

---

① http://www.border.gov.au/；https://www.border.gov.auBusicargo-support-trade-and-goods/exporting-goods/exporting-prohibited-and-restricted-goods；澳大利亚联邦政府同样有权管制进口，将在本章第三节详细探讨。

② 《1956 年联邦海关(禁止进口)条例》的修正案于 2015 年 12 月 15 日起正式实施。

③ http://www.border.gov.au/.

④ http://www.border.gov.au/Customsnotices/Documents/2015-40.pdf.

鳍状弹簧刀现已从附件13第14项的进口管制中移除,但仍保留针对自动刀和半弹簧刀(即弹簧折刀和弹簧刀)的管制。这些修正条款意味着进口可单手开刀的刀具,常用于户外活动如露营的,以及可以通过重力、惯性或离心力打开的刀具,现并不受任何限制。

有关防弹服的附件13第41项现已修正,且指出仅以防弹或防碎裂为目的且不用于人体防护的防弹服或类似货物受到管制,而不以防弹或防碎裂为目的的视力及听力防护品、头盔或防护背心不受此管制。①

(二)石棉

自2003年起,澳大利亚全境禁止任何类型的石棉及含石棉材料的制造和使用,但存在某些例外情形。这意味着,除适用例外情形之外,禁止石棉进出口。在此须指出,即使标签注明不含石棉,他国生产的某些货物仍可能含有石棉,故除甚少情形外,该货物仍不得进口至澳大利亚。例外情形如,原材料中天然存在石棉痕迹,或是得到来自执行《2011年工作健康与安全法》的部长(目前为就业部部长②)的批准许可。

如果在任何进口货物中检测到石棉,货物将禁止进口,并将被没收交由部长处置,而且根据《1901年联邦海关法》和《1914年联邦刑事法》的规定,③进口商或受到处罚和起诉。

(三)烟草和香烟

自2012年12月1日起,依据《2011年烟草平装法》,④在澳大利亚境内出售、标价出售或供应的任何烟草制品必须采用普通包装(http://www.border.gov.au/)。

通常,烟草和香烟的应付税款是按照卷烟的平均支数、烟草重量的平均克数或商品的货币价值计算的。自1901年通过《1901年联邦消费税法》和《1901年联邦海关法》以来,澳大利亚政府对澳大利亚香烟制造征收税款,并对进口烟草制品征收关税。

---

① http://www.border.gov.au/Customsnotices/Documents/2015-40.pdf.

② 有关石棉进口的更多信息,参见 http://www.border.gov.auBusicargo-support-trade-and-goods/importing-goods/prohibited-and-restricted/asbestos。

③ http://www.border.gov.au/.

④ http://www.tobaccoinaustralia.org.au.

直至1999年，烟草和香烟的关税是根据烟草制品的重量计算的。《1925年联邦消费税条例》明确规定了制造商应如何标注标签、计算和申报消费税。该条例还规定了应如何计算烟草制品的重量（以及酒精产品和石油产品的体积）。香烟的重量包括过滤嘴和卷烟纸的重量，但不包括卷烟包装的重量。然而在1999年，澳大利亚政府在经过卫生团体的大量游说后，放弃了基于香烟重量的计算方法，转而采用基于香烟数量的方法以征收关税。该税率与澳大利亚消费物价指数（Consumer Price Index，简称CPI）相关，意味着该关税每年在2月至8月期间按照上一年12月至本年6月期间共6个月的消费者价格指数自动上涨。1999年至2010年间，除基于CPI的税率调整外，[①]烟草消费税及烟草制品的关税并未增加。截至2016年9月的消费税率为烟草含量每支0.61054澳元或每千克763.20澳元。预计这些价格将在2017年9月前增长12.5%。[②]

与许多引入消费税的国家不同，澳大利亚（根据卫生团体的要求）在引入10%消费税时，烟草的消费税并没有下调。消费税于2000年7月1日[③]在澳大利亚生效，适用于烟草以及所有其他的零售服务和产品，但不包括杂货。

与澳大利亚所有其他应税产品和服务一样，消费税税后价格的计算是基于消费税税前价格增加10%。这样，消费税是每包香烟或吸用烟草最终价格的1/11或9.1%。2012年，澳大利亚烟草税收占典型包装香烟最终价格的60%。[④]

（四）消费品

澳大利亚对消费品的进口采取严格政策。农业与水利部负责执行两套进口食品的要求：《2015年联邦生物安全法》旨在保护澳大利亚免受生物安保风险，以及《1992年联邦控制法》旨在解决食品安全问题。就这点而言，所有进口食品必须符合生物安全要求。食品进口商在进口如新鲜蔬果以及含有牛奶、鸡蛋、肉类或其他动物产品的食品时，需获得进口许可证才能实现食品进口。[⑤]

---

① http://www.tobaccoinaustralia.org.au.

② https://www.ato.gov.au/Business/Excise-and-excise-equivalent-goods/Tobacco-excise/Excise-rates-for-tobacco/.

③ http://www.tobaccoinaustralia.org.au/.

④ Ibid.

⑤ http://www.agriculture.gov.au/.

此外,任何有牛海绵状脑病(俗称疯牛病)案例报告的国家若想向澳大利亚进口任何牛产品,均需提前通过澳大利亚要求的复杂审批程序。任何进口至澳大利亚且适合人类食用的牛肉及牛肉产品,必须符合生物安全和疯牛病食品安全要求。[①] 澳新食品标准局作为区域性食品安全机构,对个别国家进行风险评估;同时,澳大利亚农业部对每个出口国进行独立的进口风险评估,以解决动物检疫问题。目前,中国未进入澳大利亚的核准国家名单之中,并无资格申请进口许可证,故无法进口牛产品至澳大利亚。[②]

这些进口限制源于澳大利亚防治疾病的预期,其中包括预防猪繁殖、呼吸综合征以及断奶后多系统性消耗综合征等。最后,澳大利亚家禽协会因担忧传染性法氏囊病,[③]禁止进口包括火鸡在内的任何新鲜、冷冻或熟禽肉。

澳大利亚对植物和植物产品的进口附加了条件,从而实现对于这类货物相关生物安全风险的有效管理。这些条件概述了可进口到澳大利亚的商品及其安全进口的方式。进口条件适用于那些以澳大利亚境内出售或商业使用为目的的进口代销货物,以及那些包括国际乘客行李托运或邮寄的个人代销货物。[④] 这些限制条件旨在确保澳大利亚农业与林业产业的持续健康发展。植物健康对于澳大利亚种植与林业产业的长期生存能力具有重要意义,并有助于动物行业的维持发展。[⑤]

并非所有活体动物和繁殖材料都允许进口到澳大利亚。这与其进口相关的有害生物风险或疾病风险有关,因可能会干扰生物安全和澳大利亚农业。[⑥] 目前,仅来自新西兰的鸟类和兔子可进口到澳大利亚,而猫、狗和马仅可从某些获准国家进口。[⑦]

《澳大利亚动物福利标准及准则(操作示范守则)》有助于在澳大利亚各州及领地之间,维持动物福利标准在国家内部的一致性。此操作示范守则规定

---

① http://www.agriculture.gov.au/import/goodsfoodinspection-compliance/bse_food_safety_requirements_for_beef.

② 澳大利亚的核准国家名单可访问 http://www.agriculture.gov.au/import/goodsfoodinspection-compliance/bse_food_safety_requirements_for_beef#other-countries-not-listed。

③ http://www.agriculture.gov.au/import/goodsfoodinspection-compliance/bse_food_safety_requirements_for_beef and https://ustr.gov.

④ http://www.agriculture.gov.au/.

⑤ http://www.agriculture.gov.au/plant.

⑥ http://www.agriculture.gov.au/import/goods/live-animals.

⑦ 有关获准国家的更多信息,参见 http://www.agriculture.gov.au/import/goods/live-animals。

了通过公路或铁路的牲畜运输。这些规定自动物装运之时起剥夺食物和水，直至完成运输(到达目的地)之时家畜(除日龄小鸡和送去加工的家禽)接触到水为止。除装载阶段、运输期间、轮值期间及卸载与持有期间之外，整个运输过程还包括此前的组装及装配、处理及等待的时间。

这些标准适用于所有负责养殖和管理牲畜运输的人员，包括代理商、运输经营者、农场人员、仓储人员、寄养场人员、饲养场人员和加工厂人员等。此守则适用于主流商业畜禽品种，例如牛、绵羊、猪、山羊、家禽(肉鸡、产卵鸡、火鸡、鸭、鹅)、平胸类鸟(鸸鹋和鸵鸟)、鹿、骆驼、羊驼和马(包括用于体育和娱乐的马)等。

第二节　国际组织与贸易协议

国际贸易是强劲经济体的重要组成部分，同时发展自由的全球贸易体系是澳大利亚政府外交政策议程的重要方面。澳大利亚政府是世界贸易组织(World Trade Organisation，简称 WTO)以及亚太经合组织(Asia-Pacific Economic Cooperation，简称 APEC)等区域性机构的参与者和坚定支持者。澳大利亚政府还积极寻求机会，以实现与贸易伙伴达成自由贸易协定(Free Trade Agreements，简称 FTAs)和双边协议。澳大利亚已与东南亚国家联盟、新西兰、智利、美国、泰国、新加坡、马来西亚、中国、日本和韩国等缔结自由贸易协定。澳大利亚已签署《跨太平洋伙伴关系协议》，但尚未生效。澳大利亚政府现正在商榷的贸易协议包括：《印尼-澳全面经济伙伴关系协议》、《澳大利亚-印度全年经济合作协定》、《海湾合作委员会自由贸易协定》、《太平洋更紧密经济关系协定》，以及《区域全面经济合作伙伴关系协定》。澳大利亚和欧盟官员也在努力磋商以发起《澳大利亚-欧盟自由贸易协定》。澳大利亚也是众多双边投资条约(Bilateral Investment Treaties，简称 BITs)的缔约国，特别与中国、越南、印度尼西亚和印度等缔结的条约，商定了各国之间私人投资的条件。

有关澳大利亚签署的所有 FTAs 和 BITs 的信息，可在 DFAT 或 Austrade 网站①上找到。

---

① https://www.austrade.gov.au/; http://dfat.gov.au/pages/default.aspx.

第三节　从澳大利亚出口货物

从澳大利亚出口货物无须获得许可证,某些货物除外。澳大利亚的货物出口由法律和政府政策管制,旨在规制可绝对禁止或附条件禁止某些货物的出口,并维持澳大利亚国际贸易的精确记录。全面禁止出口适用于受保护的野生动物、某些遗产物品、选定的武器及其他危险物品等。附条件禁止出口的货物不得出口,除非已获得由相关许可颁发机构/办事处出具的出口所需全部许可。《出口管制手册》第12卷[①]提供了有关澳大利亚出口所要求的必要信息。

出口报关是出口商(货物所有人)或其代理人向相关部门提供有关货物及其出口交易信息的声明。报关可通过"一体化货物通关系统"(Integrated Cargo System,简称ICS)提出。

向相关部门提出出口申报后,可获得出口报关号(Export Declaration Number,简称EDN)。货物不得出口及装载在出口的船舶或飞机上,除非该货物已记录可出口(适用某些豁免情形[②])且相关部门已通过清关的状态[③]批准出口。出口申报单可通过ICS电子提交;或可由本人到海关与边境保护局柜台递交出口申报单(表B957);抑可在获得海关与边境保护局授权的事先批准后,通过快递员将出口申报单提交至海关与边境保护局的指定柜台。对已经提交的出口申报单进行的修改或撤销可在各州/领地的任一海关与边境保护办公室内传真、邮寄或提交。[④]

澳大利亚协调出口商品分类(Australian Harmonised Export Commodity Classification,简称AHECC)是用于区分出口商品的八位数字。此分类由澳大利亚统计局(Australian Bureau of Statistics,简称ABS)维护,可从澳大利亚

---

① http://www.border.gov.au/.

② 此规定之外的货物包括个人财物、宠物、价值低于2000澳元的货物、《1901年海关法》第162A条规定的临时进口货物、澳大利亚邮政或外交邮包、澳大利亚飞机和船舶备件、任何作为澳大利亚政府财产的军事物品,以及由澳大利亚国防军海外使用的货物,参见http://www.border.gov.au。

③ http://www.border.gov.au/.

④ http://www.border.gov.au;有关申请的详细信息可访问http://www.border.gov.au/Cargosupport/Documents/export_declaration_helpguide.pdf#search=EDN。

统计局网站[1]获取。

一、反倾销

反倾销委员会(Anti-Dumping Commission,简称 ADC)由澳大利亚政府组建,负责执行澳大利亚的反倾销制度。[2] 管控反倾销的立法由以下法律组成:《1901 年海关法》(特别是第 XVB 和 XVC 部分)、《1975 年海关关税(反倾销)法》(《倾销税法》)、《1985 年海关法令》,以及《1926 年海关条例》和《2013 年海关关税(反倾销)条例》。

若出口商向一国出售货物(任何类型的货物)的价格低于该国同一货物的支付价格,则可将之视为倾销。如果在澳大利亚发生倾销,生产与倾销货物(技术上将之称为"同类产品")类似产品的澳大利亚产业成员可向反倾销委员会对其进行投诉。反倾销委员会将根据该倾销是否发生以及该倾销是否对澳大利亚产业造成重大损失为依据,有相当大的自由裁量权来决定是否采取反倾销措施。[3] 目前,多数采取反倾销措施的商品是用以制造的原材料,如金属、塑料和化合物。例如,2016—2017 年反倾销委员会将以下产品收入反倾销调查,[4]包括来自中国、巴西、印度尼西亚和泰国的 A4 复印纸,来自中国、马来西亚、越南的铝挤出制品,来自中国和韩国的铝锌镀钢,来自泰国的菠萝,以及来自意大利的番茄产品。

若确认出现倾销,考虑不同部长的职权范围,具体负责的部长可对该进口货物施加反倾销税,以抵消该货物对产业的实质损害。通常,此项税款按照相关货物的出口价格与该货物在出口国支付价格之间的差额计算。作为征收反倾销税的替代方案,具体负责的部长可同意出口商的承诺书,表示未来将仅以等于或高于相关货物的最低价格(通常为在出口国支付相同货物的价格)作为

---

① http://www.border.gov.au/.

② 详细信息请访问 http://www.adcommission.gov.au;www.aph.gov.au。

③ 在这方面,补贴进口可以追加额外关税("反补贴税")以抵消对国内生产者的损害,参见 http://dfat.gov.au;这种关税是基于重新确定有关货物的竞争而进行计算的,因此可能会有所不同。在这种情况下,反倾销委员会可依据国家及其合作关系对所涉货物征收额外关税,税率为 0.8%~8.0%。有关反倾销委员会的案件可参见 http://www.adcommission.gov.au/cases/Pages/default.aspx。

④ 详情参见 http://www.adcommission.gov.au/cases/Pages/default.aspx。

售卖价格。[1]

二、限制—出口管制

澳大利亚的出口限制相对较少，若货物在出口商开具出口发票或发出收据后60天内出口，大部分的出口商品或服务免收消费税，若从澳大利亚出口价值2000美元以上的货物，出口商或其代理人必须向澳大利亚边境部队(Australian Border Force，简称ABF)提交出口申报单。任何需要出口许可证的货物，无论价值如何，均需就出口申报单进行报告。澳边境部队将通过线上“一体化货物通关系统”对其出口货物发布出口报关号码。除非澳边境部队已发出清关证明，否则船只或飞机不得离开澳大利亚。某些货物(如放射性物质、危险废物、某些处方药物和生物制剂)的出口会受到限制。在这些情况下，出口商必须向适当的政府机关请求出口许可。澳大利亚禁止出口某些货物，例如受保护的野生动物、某些文化遗产物品及其他危险物品等。出口商还必须遵守针对某些出口品的检疫和检验要求，如食品和其他动物产品或植物产品。在某些情形下，出口商可能需要获得由农业与水资源部签发的批准和健康认证。军民两用产品的出口管制规定适用于“军民两用货物”，具体指具有有效商业应用价值，且可用于开发和部署军事系统或大规模毁灭性武器项目的货物。军民两用货物的实例包括某些电子或电信物品，以及某些生物或化学物质。军民两用货物的出口商必须事先得到国防出口管制办公室的批准。

三、活体出口

澳大利亚的活体出口依照农业与水资源部执行的综合框架进行规范。该框架的内容之一在于遵守《澳大利亚出口活牲畜标准》(Australian Standards for the Export of Livestock，简称ASEL)的要求。ASEL涵盖出口活牲畜的来源、注册场所内的管理、船舶装载、船上管理，以及陆运和空运的标准。确保出口动物在陆运、海运和空运过程中得到妥善的安排是ASEL的重要职责。

四、贸易制裁

对于具有国际关注的特定国家、人员、商品和服务所展开的活动，可通过贸易制裁施加约束。澳大利亚同时执行联合国安理会(United Nations

---

① https://www.allens.com.aupubspdf/Doing-business-and-investing-in-Australia.pdf; http://www.adcommission.gov.au; www.aph.gov.au.

Security Council，简称 UNSC）的制裁制度和澳大利亚自治的制裁制度。澳大利亚有义务按照国际法执行 UNSC 制裁制度。澳大利亚现实行的制裁框架涉及以下国家：中非共和国、刚果民主共和国、厄立特里亚、几内亚比绍、伊拉克、黎巴嫩、利比里亚、索马里、南苏丹、苏丹、也门、伊朗、利比亚、缅甸、俄罗斯、叙利亚、乌克兰和津巴布韦。这些制裁制度的性质和效果因受制裁国家的不同而存在差异性。外交与贸易部有一份综合名单，①记载着曾受澳大利亚法律制裁的全部个人和实体。外交部部长可授予许可证，批准违反澳大利亚制裁法的活动。不同的制裁制度实行不同的标准，且必须在部长或部长代表批准该许可之前得到满足。部长可针对任何此类制裁许可附加条件。② 制裁许可证的申请一般应包括有关该活动的完整信息，例如商业和服务提供商可直接或通过任何中介，向最终用户提供任何商品或服务的完整路径；商业和服务提供商可从最终用户直接或通过任何中介机构，收到任何付款的完整路径。③

① http://dfat. gov. au/international-relations/security/sanctions/pages/sanctions. aspx；名单请访问 http://dfat. gov. au/international-relations/security/sanctions/Pages/consolidated-list. aspx# list。

② https://www. allens. com. aupubspdf/Doing-business-and-investing-in-Australia. pdf.

③ http://dfat. gov. au/international-relations/security/sanctions/pages/online-sanctions-administration-system. aspx.

第三章　外商直接投资制度及法律

若澳大利亚境外的个人、企业或投资工具（如养老金或养老基金）在澳大利亚设立新业务，或获得澳大利亚企业的财产或股票，则发生外国投资。[①]

外国实体主要有两种方法在澳大利亚经济中进行投资：(1)证券投资，即购买澳大利亚证券（如股票或债券）或股本，或进行债务交易，且未对投资者施加控制以影响企业运营的。例如：购买澳大利亚公司的财产或股份，或外国养老金或养老基金的政府债券。[②] (2)外国直接投资（foreign direct investment，简称 FDI），即来自澳大利亚境外的实体建立新企业，或收购现有澳大利亚企业至少 10%及以上。[③] 当收购现有澳大利亚企业至少 10%及以上时，该实体获得一定企业运营情况的控制权。例如：建立跨国公司的澳大利亚分公司，或建立澳大利亚与外国企业的合资企业。在澳大利亚和外国公司之间建立澳大利亚跨国公司分支机构或合资企业。[④]

截至 2015 年年底，证券投资占澳大利亚外国投资总额的 54%，FDI 则进一步增长了 24%，而其他投资（如贸易信贷）约占外国投资总额的 22%。[⑤]

外国投资已有 200 多年的历史，在澳大利亚经济中发挥了至关重要的作用。从历史的角度来看，19 世纪的英国投资对澳大利亚羊毛行业的发展和扩

---

① http://dfat.gov.au/trade/topics/investment/Pages/australia-and-foreign-investment.aspx.

② Ibid.

③ 参见《1975 年联邦外国并购法》及澳大利亚外国投资政策。

④ http://dfat.gov.au/trade/topics/investment/Pages/australia-and-foreign-investment.aspx.

⑤ Ibid.

张做出了重大贡献，至今羊毛仍是澳大利亚首要的重要出口品。①

自 20 世纪起，国际投资促进了澳大利亚金融服务业和制造业的发展，且在过去 25 年中，外国投资对澳大利亚矿产和能源的开发起到了促进作用。因此，政府须不断关注全球和区域市场的蓬勃发展。为此，澳大利亚政府推动在澳大利亚的外国投资，其中有 6 个国家级投资重点，包括农业企业和粮食、资源和能源、主要基础设施、旅游基础设施、先进服务、制造和技术。② 为了实现对澳大利亚外国投资的持续支持并改善金融环境，目前正就此进行改革。③

在 2015 年年底，澳大利亚的外国投资总额(股票)达到 3 万亿澳元。美国和英国是澳大利亚的首要投资来源，位于比利时、日本和新加坡之前(见表 1)。自 2005 年以来，中国和印度在澳大利亚的投资有所增长，2015 年 12 月 31 日分别达到 750 亿澳元和 120 亿澳元。④

表 1　2015 年向澳大利亚投资的投资国

排名	国家或地区	投资额/亿澳元	总占比/%
1	美国	860.3	28.4
2	英国	499.9	16.5
3	比利时	238.5	7.9
4	日本	199.6	6.6
5	新加坡	98.6	3.3
6	中国香港	85.4	2.8
7	中国	74.9	2.5
8	荷兰	63.0	2.1
9	卢森堡	58.3	1.9
10	瑞士	50.2	1.7

① http://dfat. gov. au/trade/topics/investment/Pages/australia-and-foreign-investment. aspx.

② http://www. austrade. gov. au/International/Invest/Investor-Updates-australias-investment-priorities-announced.

③ http://www. austrade. gov. au/.

④ http://dfat. gov. au/trade/topics/investment/Pages/which-countries-invest-in-australia. aspx 和 http://www. abs. gov. au/ausstats/abs@. nsf/PrimaryMainFeatures/5352. 0? OpenDocument.

续表

排名	国家或地区	投资额/亿澳元	总占比/%
11	德国	41.2	1.4
12	新西兰	39.7	1.3
13	加拿大	38.8	1.3
14	百慕大	25.9	0.9
15	韩国	23.3	0.8
16	英属维京群岛	22.9	0.8
17	法国	22.1	0.7
18	马来西亚	20.5	0.7
19	爱尔兰	18.4	0.6
20	开曼群岛	13.8	0.5

注:资料基于澳大利亚统计局最新日期:2016 年 5 月。①

第一节　签证选择

若外国投资者考虑在澳大利亚影响证券投资或外商直接投资的因素,其中需重点考虑是否要求本人亲自在澳大利亚实施商业行为,假若这样应适合哪种签证。为此,澳大利亚政府提供了一些签证以供选择。②

澳大利亚政府提供赞助移民签证,企业可资助并聘用具有澳大利亚所需具体职业资格、技能或经验的技术工人。然而,如果雇主希望聘用海外工作人员,而该工作类型不符合已认证的适用于正常商务签证的工作类型,且存在真正技能短缺的,雇主可以选择与澳大利亚政府签订正式的劳工协议。雇主担保的劳工协议是直接与澳大利亚政府机构协商的。新的投资框架采用了“显赫投资者签证”(Significant Investor Visa,简称 SIV)并引入了“高端投资者签证”(Premium Investor Visa,简称 PIV),旨在吸引具有生意、创业技能

① 表格摘抄自 http://dfat.gov.au/trade/topics/investment/Pages/which-countries-invest-in-australia.aspx 和 http://www.abs.gov.au/ausstats/abs@.nsf/PrimaryMainFeatures/5352.0?OpenDocument。

② 参见 https://www.border.gov.auTravVisa-1。

和资本的申请人，以创新澳大利亚企业并推动澳大利亚理念、研究与开发的商业性。①

第二节 投资框架

澳大利亚政府从三个层面实现运作：联邦、州/领地和地方。这种多层次治理制度影响了外国投资者将投资的部门和行业，包括自然资源、基础设施、商业地产、旅游和制造业。②

投资者必须了解澳大利亚的监管环境，并遵守其全部相关要求。外国投资审查委员会（Foreign Investment Review Board，简称 FIRB）的网站为外国投资者对其需考虑的某些义务提供指导，③包括从事良好公司治理（并作为良好的企业公民）的原则，向澳大利亚证券投资委员会注册的义务，作为澳大利亚公司董事的具体责任（如应有关注和勤勉、诚信、避免滥用职权与信息），按照《2001 年联邦公司法》以及《2010 年联邦竞争与消费者法》运营企业，以及遵守澳大利亚税收制度。④ 这些责任将在本章后面做更详细的讨论。

因此，有必要在投资这些行业之前，让外国投资者熟悉并深刻理解各级政府的责任以及规范外国投资的框架。⑤ 澳大利亚采取灵活的方式以接受外国投资。与其他国家不同，澳大利亚并未对外国投资的行业做出限制列表，换句话说，所有行业均可投资。唯一的限制是外国投资不能违背国家利益。然而，某些企业会被视为敏感企业，或受到更多的关注。敏感企业包括从事与媒体、电信、运输、国防相关行业和活动的企业，提取铀、钚或运营核设施的企业，以及其他与关键基础设施相关的企业。⑥ 来自自由贸易协定合作伙伴的投资限额高于其他投资者。投资限额于每年 1 月 1 日调整，投资者应关注澳大利亚外国投资审查委员会（FIRB）的更新通知。

澳大利亚的外国投资政策框架受《1975 年联邦外国收购和接管法》和澳

① http://www.austrade.gov.au/.

② Ibid.

③ 参见 http://firb.gov.au/。

④ 更多信息参见 http://firb.gov.au/resources/investor-obligations/fact-sheet-7/。

⑤ http://www.austrade.gov.au/.

⑥ 有关外国投资政策的更多讨论可参见 http://firb.gov.au/files/2015/09/Australias_Foreign_Investment_Policy_December_2015_v2.pdf。

大利亚外国投资政策的管辖。①

外国实体在澳大利亚的投资须正式提交提案,这需要 FIRB 的批准。FIRB 审查提案基于政府政策,就该提案是否符合批准向澳大利亚政府提出建议。提案是否需要由投资者提交至 FIRB,取决于货币价值、投资性质和投资者类型。② 但若提案总额超过一定数额,则需批准;2014 年,FIRB 仅筛选超过 2.48 亿澳元的投资,2015 年 1 月 1 日提高到 2.52 亿澳元。根据 FIRB 的建议,澳大利亚财政部部长可拒绝投资,或以国家利益为由,为某些特定投资的批准附加高于阈值的条件。③

判断这些提案是否批准的主要原则是国家利益。《澳大利亚外国投资政策》为评估时所涉及的因素提供了指导,以判断投资提案是否违反国家利益。国家利益的概念包括很多因素,例如国家安全、竞争、受澳大利亚政府其他政策(如税收和环境政策)的影响、对经济和团体的影响,以及投资者特征等因素。若某一提案涉及外国政府或相关实体,政府也会考虑该投资的商业性。④

投资至澳大利亚的外国投资提案应提交给 FIRB。FIRB 简述了投资提案中应包含的信息,⑤以及如何将之适用于政策声明的详细方法。⑥

第三节　在澳大利亚境内创业

澳大利亚吸纳了众多不同类型的企业结构,以满足投资者的目标和需求。这些企业结构包括公司、独资经营者、合资企业、合伙企业和贸易信托。每种企业结构都有其自身的法律特征、义务和配套税收政策,因此若外国投资者想要在澳大利亚设立企业以实施商业行为,需认真考虑哪种企业结构能满足其自身的目标和需求。本节将对这些企业结构进行概述,并简述批准这些企业

---

① http://www.austrade.gov.au/; http://firb.gov.au/files-09/Australias_Foreign_Investment_Policy_December_2015_v2.pdf; http://www.austlii.edu.au/au/legis/cth/consol_act/faata1975355/; https://firb.gov.au/resources/policy-documents/.

② http://www.austrade.gov.au/.

③ https://ustr.gov; http://treasury.gov.au/.

④ http://www.austrade.gov.au/.

⑤ 参见 https://firb.gov.au/files-09/Business_Proposal_Checklist.pdf。

⑥ 参见 http://firb.gov.au/; https://firb.gov.au/applications/; https://firb.gov.au/files-09/Business_Proposal_Checklist.pdf。

结构的相关事项。①

一、企业结构

在澳大利亚,普通企业结构是股份有限公司。由于公司股东承担有限责任,众多希望实施商业行为的人认为这个选择具有吸引力。从一般角度来看,这意味着股东仅依照其在公司投资的程度来承担责任,且一旦公司成立,该公司将成为与个人权利相同的独立法人。②

澳大利亚公司的主要监管机构是澳大利亚证券投资委员会(Australian Securities and Investments Commission,简称 ASIC)。③

澳大利亚最常见的企业结构是股份有限公司,可以是控股公司或上市公司。控股公司不得超过 50 名非员工股东,且至少 1 名董事为澳大利亚常住居民;而上市公司拥有的股东无数量限制,需至少有 3 名董事(其中至少有 2 名董事为澳大利亚常住居民),且至少有 1 名公司秘书为澳大利亚常住居民。④

专有公司和上市公司均需在澳大利亚本土设有至少 1 名股东及 1 处注册办事处。通常情况下,澳大利亚并未对建立公司及其经营的限制范围做出任何的最低资本要求;但某些行业存在特定的执照要求,⑤如银行业。

若外国投资者决定采用企业结构以实现在澳大利亚实施商业行为,则需考虑成立新的澳大利亚公司,或收购已建成的澳大利亚公司。⑥

若选择成立新的澳大利亚子公司,外国投资者必须填写并提交所需的申请表,并向 ASIC 支付所规定的注册费。或者,外国投资者需选择购买所谓的"空壳公司"(已经注册但尚未交易的公司),从而实现成立公司的目的。⑦

个人可选择以独资经营者的方式在澳大利亚经营其个人生意。独资经营者个人对其生意的全部债务和义务承担个人责任。若独资经营者不想以自己

---

① https://www.allens.com.aupubspdf/Doing-business-and-investing-in-Australia.pdf.

② Ibid.

③ http://asic.gov.au/.

④ https://www.allens.com.aupubspdf/Doing-business-and-investing-in-Australia.pdf;《2007 年联邦澳大利亚公民法》第 3 条对"常住居民"进行了定义。或可参见《1975 年联邦外国并购法》第 5 条。

⑤ https://www.allens.com.aupubspdf/Doing-business-and-investing-in-Australia.pdf.

⑥ Ibid.

⑦ Ibid.

的名义实施商业行为，则需去 ASIC 注册企业名称。①

外国投资者也可以与现有澳大利亚实体建立合资企业。合资企业通常涉及两个或两个以上的公司或个人共同开展，通常通过合资协议展开合作，以共同合作既定项目。②

合资企业可以是公司（股份有限公司）、非法人实体（纯合同安排）或合伙企业。但是，外国投资者作为合作伙伴加入合资企业应注意，该合资企业由州及领地法律规范管辖，而非联邦法律。合伙企业通常由 2～20 名个人（或公司）构成，可存在某些特定情形。合伙企业并无独立的法人实体，且与独资经营者类似，合伙人基于联合发生制对企业所发生的所有债务和义务承担个人责任。在某些州，有些合资企业有可能成为有限责任合伙企业，由某些合伙人负有限责任。③

外国投资者也可以通过信托方式在澳大利亚实施商业行为，可由 1 名或多名托管人（个人或公司）代表其受益人来经营企业。信托的好处在于，较传统公司而言，信托可提供一定的税收优惠，且常用于购买不动产。④

外国公司也可通过非澳大利亚企业结构的方式（如成立澳大利亚子公司）在澳大利亚实施商业行为。在这种情况下，外国公司需注册为在澳大利亚经营的外国公司，故需完成并向 ASIC 提交所需的注册表格和支持文件。此外，此类型公司需要在澳大利亚设有注册办事处并任命 1 位代理人，以确保遵守澳大利亚法律。⑤

二、公司合并

《2010 年联邦竞争与消费者法》规范了所有公司合并的相关事项，旨在支持贸易，并继而维护反竞争贸易惯例及消费者。⑥

《竞争与消费者法》第 50 条规定，禁止收购影响或有可能减少任何澳大利亚市场竞争的股份和资产。第 50(3)条要求在评估一项合并是否可能从负面进行显著限制竞争时，需要对下列关于要素的非穷尽的列举加以考虑：⑦

① https://www.allens.com.aupubspdf/Doing-business-and-investing-in-Australia.pdf.
② Ibid.
③ Ibid.
④ Ibid.
⑤ Ibid.
⑥ Ibid.
⑦ Ibid.

(1)进口市场的现实和潜在竞争水平；

(2)市场进入壁垒；

(3)市场集中度；

(4)市场抗衡力量的程度；

(5)收购将导致收购方能够显著且持续地提高价格或利润率的可能性；

(6)在市场中替代品可获得或者很可能获得的范围；

(7)市场特性的不断变化，包括增长、创新和产品分化；

(8)收购导致有利且有效的竞争者从市场脱离的可能性；

(9)市场中纵向一体化的性质和范围。

《竞争与消费者法》中有关公司合并的条款由澳大利亚竞争与消费者委员会(Australian Competition and Consumer Commission，简称 ACCC)强制执行，ACCC 有权单独寻求联邦法院颁布禁令，以阻止合并。若合并已经完成，ACCC 可寻求联邦法院颁布禁令，通过出售、交换、关闭、破产(剥离)或者罚款实现业务单元全部或部分处置。涉及已完成企业合并的其他人，包括竞争对手，同样可通过联邦法院的诉讼程序寻求损害赔偿或剥离。[①]

然而，向 ACCC 通知并购是自愿的，但是《2013 年非正式合并审查流程指南》指出，ACCC 希望提前获得通知，若合并后公司将拥有在相关市场大于 20%的市场份额。[②]

第四节　在澳大利亚收购企业

当外国投资者希望购买全部或部分澳大利亚企业时，可通过对该商业行为的相关公司实施购买其股份或资产的方式实现。

若通过购买企业资产，买方通常仅承担合同所需承担的责任；而若通过股份收购企业，买方则会获得该公司的全部负债。为了规避风险，建议买方可从卖方取得相关保证和赔偿——与购买资产相反，购买公司股份需承担公司的全部合同，全部合同均将自动转让给买方，且无须获得第三方同意。此外，这两种收购公司的方法在税收方面也存在差异。[③] 若通过购买股份实现公司收

① https://www.allens.com.aupubspdf/Doing-business-and-investing-in-Australia.pdf.

② Ibid.

③ Ibid.

购,卖方会获得该售价所需承担消费税的 50%折扣,而买方承担所有已知或未知的负债,可在未来的纳税申报中进行调整。小企业(当前营业额不足 200 万)可要求税收减免。若通过购买资产实现公司收购,买方未来将从大量资本中获益,因资产价值自购买之日起会以市场价值重置,而卖方可以利用税收减免来抵销售价中产生的其他税务责任。①

一、投资机会

澳大利亚经济基本以服务业为主。但近年来,澳大利亚的资源行业推动了经济的进一步发展;主要原因在于澳大利亚作为自然资源的主要出口国,富含自然资源,如煤炭、铁矿石、黄金和天然气等。② 2016 年,矿石、矿渣和灰分的出口总额为 49.23 亿美元(26%),同期矿物燃料、油类和蒸馏产品的出口额达到 485.4 亿美元(26%)。2016 年,铝和铜的出口额分别为 29.8 亿美元和 24.8 亿美元。③

二、自然资源

根据《1975 年联邦外国收购与兼并法》,针对矿业和石油占有期限利益的收购,属于针对澳大利亚城市用地利益的收购。澳大利亚城市用地是全部且专门用以从事初级生产经营(如农业)的土地,不应视为农村土地。④

页岩和煤层气产业仍处于初级阶段,但这些行业可能在未来几年取得重大发展机遇。⑤

除联邦法律条例之外,澳大利亚的采矿工业大多以州及领地为层级实行监管。从法律的角度来看,除少数例外情形外,矿产属于州及领地。州及领地政府可以授权公司及个人对指定地区实施具体采矿活动。⑥

---

① https://www.crowehorwath.net/uploadedfiles/au/insights/insights-assets/buying%20a%20business%20-%20asset%20or%20share.pdf.

② https://www.allens.com.aupubspdf/Doing-business-and-investing-in-Australia.pdf.

③ http://www.tradingeconomics.com/australia/exports-by-category.

④ www.jws.com.au/en/.../35_3a216dcc0f10b15f6686180d2fe66f13,参见《1975 年联邦外国并购法》第 4 条中的"农村土地"。https://webcache.googleusercontent.com/search? q=cache:hrpwjJK5DvYJ:https://firb.gov.au/files-11/FIRB-Annual-Report-2008-09_Chapter_3.docx+&cd=2&hl=da&ct=clnk&gl=au.

⑤ https://www.allens.com.aupubspdf/Doing-business-and-investing-in-Australia.pdf.

⑥ Ibid.

除需遵守有关勘探、保留和/或开采保有物等规定外，采矿项目还必须符合所有与该项目有关的其他规定，包括爆破许可、化学品许可及用水许可。[①]

联邦、州及领地政府根据资源所在地执行澳大利亚石油的勘探和开发许可制度。[②] 离岸许可由国家海洋石油管理员（National Offshore Petroleum Titles Administrator，简称 NOPTA）负责日常管理澳大利亚联邦水域所占有的石油和温室气体。离岸许可是以联邦层级实现监管，在联邦一级管理，但岸上许可是由与许可证相关的州及领地授予。[③] 州及领地政府负责距离海岸线3海里以内的石油，而此边界以外的离岸操作受联邦政府规范。[④]

大部分由外国实体向澳大利亚矿业、石油及天然气行业的投资，均有可能需由财政部部长通过外国投资审查委员会对其进行清算。这一做法的原因在于这些行业涉及澳大利亚土地的利益，受澳大利亚外国投资法律的约束，已于本章第二节详述。[⑤]

收购所用注册费或印花税[⑥]应依据州或联邦法律支付，而支付标准并不统一，故需在投资前进行慎重考虑，[⑦]尤其是印花税及特定税种，如石油资源租用税（Petroleum Resource Rent Tax，简称 PRRT）。PRRT 以石油项目为基础进行评估，按项目应税利润的 40%征收。应税利润的计算方式是在项目的申报收入基础上扣除项目中合规的项目支出。这些可扣除支出广义包括：所有与石油项目直接相关的资本或税款。[⑧]

环境许可同样是必需的，且以国家为层级实行管理。然而，《1999 年联邦环境保护与生物多样性保存法》适用于对环境产生重大影响的项目。自 2013 年起，澳大利亚实施"一站式服务"项目——此项目作为简化的许可审批程序，由国家环境法授权，其创立目的在于创建由国家管控的唯一环境评估与审批

① https://www.allens.com.aupubspdf/Doing-business-and-investing-in-Australia.pdf.

② Ibid.

③ http://www.nopta.gov.au/.

④ https://www.allens.com.aupubspdf/Doing-business-and-investing-in-Australia.pdf.

⑤ Ibid.

⑥ 参见本章第五节"澳大利亚的税收制度"。

⑦ www.jws.com.au/en/.../35_3a216dcc0f10b15f6686180d2fe66f13)(https://www.allens.com.aupubspdf/Doing-business-and-investing-in-Australia.pdf.

⑧ https://www.treasury.gov.au/~/media/Treasury/Consultations%20and%20Reviews/Reviews%20and%20Inquiries ‖ Review%20of%20Petroleum%20Resource%20Rent%20Tax/Key%20Documents/PDF/PRRT_dn.ashx.

流程，以规划并保护州及领地的环境。同时，此项政策旨在为环境评估提供单一流程，简化企业的审批流程，从而实现更快的审批决策以改善澳大利亚的投资环境，并保持高度的环境标准。①

同时，此项新采用的审批程序自 2014 年起由双边协议签署实施，双边协议内含一套符合各自管辖的“三阶段”审批流程，具体谅解备忘录的签署、与特定州进行双边评估协议的签署及已有协议的更新，以及 12 个月内已批准双边协议的协商。②

原住民土地权指澳大利亚原住民和托雷斯海峡岛民根据传统法律和习俗所拥有的土地权。若在原住民土地权影响范围内开展资源项目，项目参与人必须遵守《1993 年联邦原住民土地权法》中规定的程序。在某些情况下，项目在其实施前需签署《原住民土地使用协议》。影响文化遗产遗址的项目必须遵循特定的规定并进行评估，一旦明确项目处于文化遗产的重要区域，该项目将面临推迟的风险。③

授予项目参与人的保有物授让及其他许可通常与相关州/领地政府的申报义务有关。依照《2001 年联邦澳大利亚公司法》和《2016 年税法修正案（实施共同申报准则）》的规定，需要依据项目的构成结构进行申报。④

三、商业地产

澳大利亚各州及领地均有其自身的土地法，但规定自某些共同原则。

澳大利亚土地登记以托伦斯登记制为基础。基于此制度，记载于中央登记册的登记行为构成了土地和财产的产权和所有权。只有在转让登记时，买方才能获得合法所有权。⑤

一般来说，外国投资者在澳大利亚购买住宅房地产之前必须申请外商投资审批。⑥ 外国投资者有关房地产的权利和义务受《1975 年联邦外国并购法》的管辖，同时由外国投资审查委员会执行审批程序。⑦

---

① https://www. environment. gov. auepbcone-stop-shop; https://www. environment. gov. au/ministerhunt2014/mr20141028. html.

② Ibid.

③ https://www. allens. com. aupubspdf/Doing-business-and-investing-in-Australia. pdf.

④ Ibid.

⑤ www. jws. com. au/en/. . . /35_3a216dcc0f10b15f6686180d2fe66f13.

⑥ https://firb. gov. au.

⑦ www. jws. com. au/en/. . . /35_3a216dcc0f10b15f6686180d2fe66f13.

政府对外商投资房地产的政策是将外商投资引入新建住宅：一则可为建筑行业创造更多的就业机会以促进经济发展；二则可通过印花税及其他税款的方式增加政府收入，并通过额外投资流量提高总体经济增幅。因此，申请外商投资的首要原则通常是拟议投资需提高澳大利亚的现有公屋单位数目（即至少新增1套住宅）。①

这一原则目标的达成，将依据所获得的财产类型能否提高现有公屋单位数目或该财产类型是否为已建住宅而适用于不同的要素。因此，外国投资者需了解并遵守澳大利亚的外国投资框架，因为违法行为将面临严格的刑事和民事处罚，其中包括处罚令。②

四、旅游业中的外商投资

澳大利亚政府致力于与各行业合作以推动旅游基础设施建设，通过"2020年旅游战略"增加旅游需求，力争至2020年国内旅游消费额翻倍，达到1150亿至1400亿澳元。③

澳大利亚贸易与投资委员会（Australian Trade and Investment Commission，缩写Austrade），与澳大利亚旅游局及州/领地政府的合作，④致力于为外国投资者提供必要的援助，以促进、吸引及便利澳大利亚旅游基础设施的生产性投资。此外，澳大利亚贸易委员会还会通过经营"旅游重大项目便利服务"（Tourism Major Project Facilitation service）为旅游项目提供帮助，并通过澳大利亚政府审批系统为外国投资者提供导航浏览的帮助。⑤

五、制造业的外商投资

澳大利亚制造业总体自2014年起持续走低，各制造业在2014—2015年度呈下降趋势，产量下滑了1.2%。2014—2015年度，8个制造业中有5个产量出现下滑，其中下滑最显著的是印刷及已储录资料媒体、机械及设备，以及金属制品；而非金属矿产制品和木材及纸制品上涨趋势强劲。同期，制造业就

① https://www.allens.com.aupubspdf/Doing-business-and-investing-in-Australia.pdf.

② Ibid.

③ http://www.austrade.gov.au/.

④ Ibid.

⑤ Ibid.

业人数下降了 12600 人。①

为此,澳大利亚政府重视通过鼓励外国直接投资来支持、吸引和促进制造业。同时,澳大利亚贸易委员会为在澳大利亚建立或扩大业务的外国投资提供其所需的信息。②

第五节　澳大利亚的税收制度

本节将简要概述澳大利亚的税收制度。

一、所得税

在澳大利亚,居民和非居民均有义务为其收入所得缴税(参见《1997 年联邦所得税评定法》第 3—6 章)。

非居民有义务为其澳大利亚境内来源收入缴纳所得税;居民则必须为其澳大利亚境内外收入缴纳所得税。居民和非居民经营公司的所得税税率为 30%;某些小型企业则需缴纳 28.5%的税款(参见《1997 年联邦所得税评定法》第 4.1 和 5.5 条)。③

澳大利亚本国居民经营的公司将根据其澳大利亚的应纳税所得额及某些境外来源收入缴纳所得税;而非澳大利亚纳税居民经营的公司通常仅对澳大利亚境内来源收入的所得税负责。④

通常,外国公司的澳大利亚分公司和子公司的待遇是相同的。然而,澳大利亚居民公司全资拥有的公司集团可以通过所得税税务合并进行缴税,这有利于公司间的资产转移。⑤

有关公司亏损处理的税收规定复杂。当使用公司已有亏损结转来年公司利润时,该公司需符合所有权连续性测试,否则需符合相同业务测试。⑥

非居民需缴纳资本利得税。在澳大利亚,资本利得来自处置澳大利亚不

---

① https://industry. gov. au/Office-of-the-Chief-Economist/Publications/Documents/AIR2015. pdf.

② http://www. austrade. gov. au/.

③ https://www. allens. com. aupubspdf/Doing-business-and-investing-in-Australia. pdf.

④ Ibid.

⑤ Ibid.

⑥ Ibid.

动产或处置实体财产中的某些“无投资组合”利润。[①] 如果一非居民需处置其在澳大利亚居民经营的实体或在另一非居民经营的实体中所获利润，且该实体的相关资产主要是由澳大利亚不动产直接或间接构成的，则该非居民必须缴纳资本利得税。最后，若一非居民通过澳大利亚分公司实施商业行为，该非居民在处置该公司所用资产时也应缴纳资本利得税。[②]

印花税是澳大利亚各州及领地对某些文件和交易强制征收的税种。印花税主要涉及某些财产类型的收购，包括土地以及收购土地和企业所获得的货物。各州及领地采用不同的印花税税率(0.6%～7%)，其征收数额主要参考收购某资产的最高支付价格或其实际价值。[③]

此外，各州及领地均向收购持有澳大利亚土地的公司和信托机构利益的行为征收税款。此项税款一般被称为“土地持有税”(Landholder Duty)。[④]

二、商品及服务税

澳大利亚征收商品及服务税(Goods and Services Tax，简称 GST，又称消费税)，与许多其他管辖区的增值税(Value Added Tax，简称 VAT)和消费税制度非常相似。在澳大利亚，任何实体无论处于何地，均有义务为其所做的应税供应(Taxable Supply)缴纳消费税。以下情形的供应被定义是应税供应：

• 由供应商为登记(或需要登记)消费税而制造的；

• 考虑到供应商所经营企业的过程及未来而制造的；

• 那些属于“与澳大利亚联系”项目的(为其展开各种测试)，且不属于“免消费税”和“进项税”的供应。[⑤]

“供应”这一概念范围广泛，包括有关货物、服务、土地权益的供应。[⑥]

实体可在澳大利亚或其他国家经营企业时自愿登记消费税，但若其所制造的与澳大利亚关联的某些供应价值量超过 75000 美元每年，则该实体有义

---

① 自 2016 年 2 月 1 日起，购买价格的 10%将由购买者扣除并交由澳大利亚税务局，但这并不是最终税款，最终税款将在销售结束时进行计算，另需考虑到双重征税协议及其他相关因素。详情参见 https://www.ato.gov.au/General/New-legislation/In-detail/Direct-taxes/Income-tax-for-businesses/Foreign-resident-capital-gains-withholding-payments/。

② https://www.allens.com.aupubspdf/Doing-business-and-investing-in-Australia.pdf.

③ Ibid.

④ Ibid.

⑤ www.jws.com.au/en/.../35_3a216dcc0f10b15f6686180d2fe66f13.

⑥ https://www.allens.com.aupubspdf/Doing-business-and-investing-in-Australia.pdf.

务登记消费税。① 如果一个实体登记消费税，则该实体必须定期申报消费税。如果净额为正，则必须向澳大利亚税务局（Australian Taxation Office，简称ATO）付款；如果净额为负，则可从澳税务局获得税额抵免。②

在澳大利亚主要有两大类供应可豁免消费税——免消费税供应和进项税供应。免消费税供应包括与澳大利亚关联的，且向澳大利亚境外非居民和享有澳大利亚境外供应的境外居民出口的商品及服务供应。进项税供应包括金融供应和民用住宅供应。在某些情形下，如果注册实体收到应税供应，则可为该供应成本的消费税申请进项税抵免。③

联邦政府会依据支付情况征收消费税，并将之分发给各州及领地。在澳大利亚消费的大多数商品及服务供应均需缴纳税率为10％的消费税，这些供应被认为是“应税供应”，向供应商直接支付。④

第六节　澳大利亚防止贿赂法律

投资者在与澳大利亚及海外进行业务往来和商业活动时需要考虑贿赂和类似刑事犯罪的风险。

禁止行为

根据《1995年联邦刑法典》，若一人非法获得利益且意图影响外国公职人员履行其职责，并以获得或保留交易，或获得或保留过度经营优势为目的，则该人向他人提供、给予或承诺提供任何货币或非货币性利益（或促使承诺、给予或提供利益）均属于刑事犯罪（参见第70.2条，www.austlii.com.au）。此项违法行为涉及向外国公职人员直接和间接提供利益，其中间接提供利益，例如向外国公职人员的亲属或商业伙伴提供利益，以及通过代理人或其他第三方向外国公职人员提供利益。外国公职人员的定义宽泛，包括外国政府机构的官员、雇员和承包商，以及公共国际组织（如联合国）或国有控股企业的官员、雇员和承包商。根据《1995年联邦刑法典》，向国内公职人员行贿罪涉及

① https://www.allens.com.aupubspdf/Doing-business-and-investing-in-Australia.pdf.

② Ibid.

③ Ibid.

④ www.jws.com.au/en/.../35_3a216dcc0f10b15f6686180d2fe66f13.

意图影响联邦公职人员履行其职责或因接受(或期待接受)的利益影响联邦公职人员履行其职责,从而向他人非法提供、给予或承诺提供利益[参见《1995年联邦刑法典》第70.2(1)c条]。行贿各州/领地的公职人员也由相关州/领地法律调整,属于禁止行为。①

几乎各州及领地均有涉及"秘密佣金"(secret commissions)的立法,以禁止有关私营部门的贿赂行为。秘密佣金源于代理人或代表自第三方收受或索取的佣金,该佣金不会向当事人披露但会成为影响当事人决策的诱因。此外,若发现个人或公司存在不准确或具有误导性的图书和记录(如某些不完全准确的支付记录),该人或该公司可能会受到刑事起诉。除了以上的禁止行为和其他法定禁止之外,普通法中也规定了贿赂罪,其中包括"向公职人员行贿罪"。根据澳大利亚反贿赂法的境外适用情况,若个人或公司行贿公职人员的相关行为全部或部分发生在澳大利亚境内,该人或该公司将受到起诉。此外,澳大利亚股份有限公司和澳大利亚公民及居民涉及行贿公职人员的,无论其犯罪地点是在澳大利亚还是境外,均将受到起诉。有关禁止秘密佣金及向联邦或州/领地公职人员行贿罪的澳大利亚法律,同样适用于发生于海外的相关犯罪行为。

反贿赂法适用于公司,若一家公司的雇员、代理人或者高级职员在其职权范围或授权范围内犯罪,则该公司承担责任。若确定公司承担责任,则必须明确以下事项:(1)该公司董事会或高级管理人员实施过相关行为,或明示或暗示允许授权该罪行的发生;(2)该公司缺乏"企业文化"(参见《1995年联邦刑法典》第70章)。

这需要证明该公司有指导、鼓励或导致不遵守反贿赂法的企业文化,或证明该公司没有要求遵守这些法律的企业文化。

有关秘密佣金及向联邦或州/领地公职人员行贿罪的指控不允许获得法定抗辩。《1995年联邦刑法典》规定以下两种情形可为向外国公职人员行贿罪的指控提供抗辩:

(1)根据行为所涉及外国公职人员所在法域的成文法,该行为是被需要或准许的;

(2)为加快或确保办理政府例行手续而支付的疏通费(facilitation payment)或小额费用。

---

① 可参考维多利亚州《2013年警察法》第253条和新南威尔斯州《1990年警察法》第200条,防治警察非法贿赂或承诺贿赂警务人员。

值得注意的是，联邦政府最近的审查认为第二条抗辩情形可能会被删除。《1995年联邦刑法典》规定，向外国公职人员行贿罪及向国内公职人员行贿罪将受到以下处罚：

(1)对于个人犯罪，处罚为180万澳元以下的罚款和(或)10年以下监禁；

(2)对于单位犯罪，罚款为以下三者中的最大数额：1800万澳元、企业及其相关实体所获得好处价值的3倍、企业及其每一相关实体年营业额的10%。

向州/领地公职人员行贿罪及秘密佣金会处以罚款和监禁。过去，澳大利亚曾被批评缺乏反贿赂的相关执法，近年来，澳大利亚的反贿赂执法工作有所增加。澳大利亚联邦警察局(Australian Federal Police)在联邦范围内高度重视外国贿赂的调查。2014年，澳联邦警察局成立了"反欺诈和反腐败中心"——该中心作为多机构合作单位，使澳联邦警察局可与其他联邦监管机构(包括澳大利亚证券投资委员会)达成紧密合作。该中心的成立主要基于2012年澳联邦警察局的"外国贿赂专家小组"，其主要任务在于承担执法行动的"定期行动审查"——两者的成立均可体现出澳联邦警察局针对贿赂罪调查愈发坚定的决心，以及为此投入大量资源的能力。迄今为止，根据《1995年联邦刑法典》，仅有2起案件涉及贿赂罪的起诉。第一起案件起诉为2011年7月，涉及2家澳大利亚公司及相关人士(如董事)；第二起为2015年3月，涉及3名为境外建筑公司工作的雇员。这些案件起诉作为澳联邦警察局与境外执法机构合作提起贿赂罪指控，标志着愈演愈烈的贿赂罪调查及案情的复杂化。近期，随着调查案件数量的显著增加，澳联邦警察局反欺诈和反腐败中心发表公开声明，预计大约在下一年将有更多调查案件进入起诉阶段。澳大利亚证券投资委员会也指出，任何涉嫌违反《公司法》(如违反董事职责)指控的公司，委员会均会对其展开有关外国贿赂罪指控的调查。现在，大多数司法管辖区(包括新南威尔士州和维多利亚州)均在州及领地范围内设立了反腐委员会。[①] 虽然这些委员会的任务仅限于涉及公共部门的行为，但还包括属于"公共机构"或"公职人员"的行为，即便这些行为涉及商业或私营部门实体或雇员。[②] 当私人实体或其雇员根据合同或其他方式履行政府或公共机构的角色时，可能会发生上述情况。2015年参议院下令在2016年7月1日之前完成对外国贿赂法律进行质询，但该质询在第四十四届议会闭幕时失效了；直至

---

① https://www.allens.com.aupubspdf/Doing-business-and-investing-in-Australia.pdf.

② http://www.allens.com.au/pubs/ibo/foibo5dec12.htm.

2016 年 10 月参议院重启质询，并将于 2017 年 6 月前提交质询报告。此质询将涉及外国贿赂法律的范围，包括是否应废除“疏通费”的抗辩情形，以及是否应扩大该法律使用范围以涵盖私营部门的贿赂罪，包括对举报人实行保护。任何有关该质询的变动或将于 2017 年后实施。[1]

第七节　澳大利亚反隐私法律

投资者应了解规定于澳大利亚隐私法律中有关保护个人信息的义务。

《1988 年联邦隐私法》(后文简称《隐私法》)作为澳大利亚隐私法律的核心，适用于大多数澳大利亚境内的私营部门组织。该法中存在一些豁免情形，通常包括与雇员记录相关的行为，以及年营业额低于 300 万澳元组织的活动。有关《隐私法》的实质性调整已于 2014 年 3 月 12 日生效，将于后文提及。《隐私法》还包含了适用于处理相关实体内税收档案号码和信用信息的特殊规则。此外，除了《隐私法》中的规定之外，州及领地的法律规定了适用于私营部门组织内卫生信息的处理方法。因此，向私营部门组织提供服务的政府机构和公司也属于广泛适用隐私法律的范畴。《隐私法》规定了 13 项“澳大利亚隐私原则”(Australian Privacy Principles)作为处理个人信息的最低标准。这些隐私原则规定了对“个人信息”记录的收集、使用、披露和处理，而个人信息指任何可识别或合理代表特定个人的信息或想法。特殊限制适用于“敏感信息”的使用，相关信息或意见涉及个人健康、种族或民族、政治、职业、贸易组织或工会的成员身份、性取向、宗教和政治信仰、犯罪记录、遗传信息、生物信息，以及生物模板。[2]

各实体的隐私政策需具备明确性和时效性，受公众要求约束(参见《1988 年联邦隐私法》附件 1 原则 6 及原则 7)。隐私政策必须解决第 1 条隐私原则中规定的某些事项，包括个人信息向境外受益人披露的可能性(如果是，则应明确受益人所在的国家)、个人获取信息的方式、实体所掌握的准确的个人信息，以及就实体违反隐私原则而进行投诉的方法。[3]

实体可“收集”个人信息，仅限该实体所收集的个人信息会编入记录或用

---

① https://www. allens. com. aupubspdf/Doing-business-and-investing-in-Australia. pdf.

② Ibid.

③ Ibid.

于出版（参见《1988 年联邦隐私法》附件 1 原则 2）。实体需通过合理程序在收集有关某人的个人信息之前、之时或收集信息结束后尽快通知该人。该通知必须涉及众多事宜，其中包括收集的目的、披露所涉及的典型内容，以及这些信息是否将在澳大利亚境外披露。同时，该人还应被告知在该实体隐私政策中获取、收集数据及投诉的相关信息；若实体间接收集个人信息，且该人需要得知以上信息的，同样适用上述通知要求。仅当信息对某个或多个实体的职能或活动是合理必要时，允许各实体收集该信息。此外，收集个人敏感信息的实体通常需要获得该人的同意。[①]（参见《1988 年联邦隐私法》附件 1 原则 2）

虽然《隐私法》并未对个人信息的“使用”和“披露”做出界定，但通常认为，个人信息的使用指实体在其有效管控范围之内对信息做出的处置及管理，而个人信息的披露指实体将信息传输至实体范围之外，并将信息的后续处理移放至实体有效管控范围之外。与其他国家不同，澳大利亚对个人信息的“控制者”和“处理者”做出了明确区分。然而，在附件 1 中区分使用了“记录管理者”和“收集者”，事实上，这种区分使用并不重要，其原因在于因为记录管理者及收集者均可指控制及处理信息的人。通常，个人信息会在未经当事人同意的情况下予以使用及披露，以实现信息的收集而忽略当事人的同意。在某些特定情形下（如法律要求使用的情况），个人信息的使用和披露可用于除了最初收集目的以外的目的。（参见《1988 年联邦隐私法》附件 1 原则 10 及原则 11）禁止直接营销个人信息，法律另有例外情形规定的（如电子邮件及电话营销）除外。（参见《1988 年联邦隐私法》附件 1 原则 7）例外情形取决于收集信息的情况（原则 7.2 和原则 7.3），但在所有情况下都需要向个人提供简单的选择退出机制。如果个人对其用于直接营销的个人信息抱有不合理期待，或者其信息并非由本人提供而属于间接收集的，则该消息的直接营销必须得到本人的同意，无法获得的除外。禁止敏感信息用于直接营销，除非获得本人同意。[②]

在某些极少数情形下，若实体向澳大利亚境外披露个人资料，该实体需要采取合理步骤，以确保海外接收人符合《隐私法》中规定的澳大利亚隐私原则，并且将该海外接收人视为违反《隐私法》行为的负责人。[③]

本人同意的获得必须保有知情性、自愿性、时效性及明确性，且做出同意的人必须具备理解和交流其同意意见的能力。该同意可被明示或暗示。为了

① https://www.allens.com.aupubspdf/Doing-business-and-investing-in-Australia.pdf.

② Ibid.

③ Ibid.

公开和透明地管理个人信息，各实体必须采取合理步骤，以确保其所收集个人信息的准确性、时效性和完整性，并保护个人信息不被滥用、干扰、丢失及未经授权的访问、修改或披露。不再需要的个人信息应被销毁，或者取消该信息的识别性。各实体必须向个人提供有关他们信息的访问权限，并更正不准确、过时、不完整、无关或误导的信息，法律另有规定的除外。如果实体拒绝提供访问权限或正确的信息，通常该实体必须提供其拒绝理由的书面通知。[①]

《隐私法》存在豁免情形。最重要的是，相关法人团体需在不违背隐私原则中有关收集及披露规定下，分享其雇员的个人信息（敏感信息除外），而各团体成员都必须在其他方面遵守隐私原则。实体处理与现雇员及前雇员直接相关的雇员记录，属于《隐私法》的豁免情形，但此项豁免不适用于承包商或潜在雇员。[②]

《隐私法》具有域外适用性，并可适用于澳大利亚境外实体的行为和实践：(1)该实体在澳大利亚注册成立或以其他方式成立的；(2)该实体在澳大利亚经营业务，且信息是在该行为在实践之前或之时为澳大利亚实体所收集或持有的。[③]

《隐私法》的第 IIIA 部分[后续有《2013 年联邦隐私条例》及《2014 年联邦隐私(信用报告)法》]规定了信用报告制度，包含与消费者信用相关的个人活动信息的收集、使用和披露。信用报告机构和信贷提供者必须遵守与信用信息收集、使用和披露有关的一系列要求。

《2003 年联邦垃圾邮件法》(后文简称《垃圾邮件法》)对源自澳大利亚商业电子信息的发送进行了规定。《垃圾邮件法》规定了商业电子信息(基于明示或推定同意)的选择制度，要求商业电子信息需包含"退订"的功能性设置及有关授权发送消息人员的信息，并禁止使用软件生成的电子地址采集软件和地址列表。《2006 年联邦禁止拨打注册电话法》禁止对在禁止拨打电话注册中注册的固定电话家庭电话号码，进行未经请求的电话营销呼叫。

有关安全漏洞的发生，目前并未有明确的义务表明必须将之通知隐私专员(Privacy Commissioner)或相关受累者。然而，澳大利亚信息专员办公室(Office of the Australian Information Commissioner)公布的指导方针并不具备约束力，指出组织应就会导致严重危害的违规行为，通知相关受累者及澳信

① https://www.allens.com.aupubspdf/Doing-business-and-investing-in-Australia.pdf.

② Ibid.

③ Ibid.

息专员办公室。《隐私修正案(严重违纪违规通知)法》已于2017年2月22日生效，并强制规定应向相关受累者及澳信息专员办公室报告严重违规情况。[①]根据征求意见稿中的规定，通知要求将在条例草案通过之日后12个月内生效。[②] 在违反《隐私法》的情况下，隐私专员有权进行调查(响应个人投诉或主动提出)、做出决定、对组织展开审计、接受可强制的承诺，以及制定并登记其绑定的隐私编码。隐私专员亦可向联邦法院或联邦巡回法院申请对公司实行180万澳元以下的民事罚款、签发强制执行裁定令或强制执行令、签发禁止令和补偿令，以及其他实际措施以纠正损失和损坏。个人可向隐私专员投诉，仅可对禁令展开诉讼。根据《垃圾邮件法》和《禁止拨打注册电话法》，作为管理者的澳大利亚通信及媒体局可实施一系列较为灵活的民事制裁，包括警告、侵权通知，以及对公司实行180万澳元以下的法院罚款。隐私专员历来采取和解方式执行《隐私法》。不过，自2011年起，隐私专员宣布被告人须以书面方式向申诉人道歉、审查涉及处理个人信息的员工培训、向隐私专员提供培训结果的意见，并对投诉人进行赔偿——这表明今后将严格执行《隐私法》以及涉及上述民事处罚和其他执法机制的相关法律(自2014年3月12日引入实行)。根据澳信息专员办公室2014—2015年年度报告，截至2015年6月30日，办公室共接到投诉2841宗，回复书面及电话查询16142宗，并发布7项年度隐私决定。[③] 典型的补救办法可分开执行或共同执行，其中包括道歉、审查员工培训、复查流程及文件，以及赔偿(5000～18000澳元)。同期，澳信息专员办公室开展隐私专员调查4项，进行隐私评估12次，涉及85家实体，并收到组织数据泄露通知117项(包括自愿通知110项)。自从2014年3月《隐私法》改革生效以来，某组织于2015年3月首次与隐私专员签署了可强制的承诺。除此之外，此承诺要求该组织落实建议，并纠正由该组织聘用的独立第三方所识别出的缺陷，用以调查该组织的实践活动、程序和制度是否可合理保护其所持有的个人信息。[④]

---

① http://www.aph.gov.au/Parliamentary_Business/Bills_Legislation/Bills_Search_Results/Result? bId=r5747.

② 如该法案第2节所规定的，该法案部分始于王室御准之日，其他部分获得王室御准之日起12个月后才生效。https://www.legislation.gov.au/Details/C2017A00012。

③ https://www.allens.com.aupubspdf/Doing-business-and-investing-in-Australia.pdf; https://www.oaic.gov.au/about-us/corporate-information/annual-reports/oaic-annual-report-201415/。

④ https://www.allens.com.aupubspdf/Doing-business-and-investing-in-Australia.pdf.

第八节　澳大利亚有关知识产权的法规

在澳大利亚，知识产权受到联邦立法框架和普通法的保护。这些管控专利权、商标权、设计权和植物育种者权的立法框架，由澳大利亚知识产权局（IP Australia）在联邦范围内实行管控。

澳知识产权局的作用在于处理申请、举行听证会，并决定有关授予或拒绝澳大利亚知识产权的争议。澳知识产权局维护涉及专利权、商标权、设计权和植物育种者权的登记，并提供公共设施以用于知识产权信息的搜索及获取。此外，澳知识产权局还作为受理机构以及国际检索和初步审查机构，对在澳大利亚提交的专利合作条约申请进行操作。①

一、专利

在澳大利亚，专利相关事项受《1990年联邦专利法》（后文简称《专利法》）的约束，其中第13条指出，专利提供了在特定期限内可解决某一工业问题的发明专有权。这里的发明可以是装置、物质、方法或过程。

专利的最长保护期限为20年（《专利法》第67条）。专利申请和登记制度受第一时间原则控制，故应格外重视对于发明的保护，应在发明实现的同时立刻采取措施对其进行保护。一般来说，完整的标准专利申请批准大约需要2年时间，且注册的时间取决于是否有人对该专利提出反对。②

创新专利有效期为8年，且所涉及专利可能因无法满足其专利权限的高阈值而无法获得标准专利批准。与标准专利相比，创新专利是一种简化的专利，其原因在于创新专利的获得时间更短且适用于技术上非常简单或寿命短的发明。③

因为发明可被视为信息，所以发明会受到普通法的保护。只要信息继续保持机密，该信息则没有明确的保护期限。

植物品种受《1994年联邦植物育种者权法》的保护。这种形式的保护有

---

① https://www.allens.com.aupubspdf/Doing-business-and-investing-in-Australia.pdf.

② https://www.allens.com.aupubspdf/Doing-business-and-investing-in-Australia.pdf；授予专利时间将为2～3年，甚至更长。

③ 参见《1990年联邦专利法》第68条。

时被称为“植物专利”，其原因在于植物育种者权利旨在使植物育种者能够为其开发的新品种植物申请并获得所有权，故植物育种者的权利也受《专利法》的保护。葡萄树的保护期为25年，而其他植物品种的保护期仅为20年。①

二、商标

商标是一标记，用来在贸易过程中将交易或提供的货物或服务与其他人交易或提供的货物或服务区别开来。②《1995年联邦商标法》(后文简称《商标法》)第20条规定了商标注册会获得的专有权，与专利权类似。《1995年联邦商标法》第17条和第4部分规定了在澳大利亚商标授予及注册的基本要求，其要求在于该商标能够将申请人在贸易过程中的货物或服务与其他实体的货物或服务区分开来。《商标法》还规定了不能注册的商标，包括“奥运冠军”“澳大利亚贸易委员会”和“退伍军人”等。凡没有提出登记申请的异议，申请大约需要审查3个月，而实际注册通常需要至少7.5个月。③

澳大利亚商标的有效期为10年，但是另有续订10年期限的选择权。④ 如果商标未被继续使用，则该商标会从注册中删除。⑤

商标产品的进口不得侵犯注册商标权，这意味着澳大利亚法律允许平行进口。未经注册的商标也会受普通法保护。⑥

在澳大利亚，仿冒商标属于侵权行为，其中包括未经授权使用公司或企业的装订及名称。为了在澳大利亚成功索赔仿冒商标，必须提供以下要素：⑦

• 与名称、标记(符号)或装订有关的声誉或商誉；

• 被告人使用相同或具有欺骗性的姓名、标记(符号)或装订，以实现混淆或欺骗；

• 由于该行为对原告的商业声誉或商誉造成损害或可能造成损害。

仿冒商标与进口商直接相关，鉴于司法裁决，例如Reckitt&Colman Products Ltd v. Borden Inc (1990) 1 All ER 873 和 Erven Warnink v. Townend&Sons Ltd(1979 AC 731,742 (HL)，外国原告的货物可能在未经销售的澳大利亚内

---

① https://www.allens.com.aupubspdf/Doing-business-and-investing-in-Australia.pdf.

② 参见《1995年商标法》第17条。

③ https://www.allens.com.aupubspdf/Doing-business-and-investing-in-Australia.pdf.

④ 参见《1995年商标法》第2节。

⑤ 参见《1995年商标法》第80F节。

⑥ https://www.allens.com.aupubspdf/Doing-business-and-investing-in-Australia.pdf.

⑦ Ibid.

具有极大的声誉。然而,商标注册总是更具吸引力的选择,因其可避免在特定销售区域内对极大声誉的依赖需求。[①]

三、外观设计

有关制造产品的外观设计可被注册为“外观设计”。当外观设计的整体外观新颖独特时,申请人可以在注册时授予外观设计专有权——这意味着太受其物理功能限制的外观设计可能不会得到保护。[②] 注册外观设计的有效期为5年,[③]但可延长5年,故最长保护期为10年。[④]

《2003年联邦外观设计法》(后文简称《外观设计法》)规定某些外观设计无法注册,其中包括奖牌的设计、恶意诽谤的设计以及包含澳大利亚国旗在内的设计。[⑤]

无论外观设计是否可以注册,所有注册申请都可无须实际审查而进行注册。因此,在外观设计注册之后10年期限的任何时候,所有人或者第三方都可以对该外观设计提出实审请求。一旦请求实际审查,设计局将对该设计是否可以进行注册进行全面检查,而后对其进行认证或撤销注册。由于第一时间原则,相关设计在图纸或有关设计的相关产品发布之前就会适用该设计。[⑥]

《外观设计法》规定了外观设计注册期间内注册设计所有者的专有权。认证授予的专有权包括以下权利:

(1)制作产品;

(2)将产品进口到澳大利亚进行销售;

(3)出售、出租或以其他方式处置产品;

(4)以任何方式使用该产品以用于任何贸易或业务;

(5)为前两款提到的任何事项保留该产品;

(6)转让或许可上述权利。

根据《外观设计法》,外观设计的保护期最长为10年,可在第5年申请续期费用。[⑦]

---

① https://www.allens.com.aupubspdf/Doing-business-and-investing-in-Australia.pdf.

② 参见《外观设计法》第9条及第4部分。

③ 参见《外观设计法》第3节第3部分。

④ 参见《外观设计法》第47条。

⑤ Ibid.

⑥ 参见《外观设计法》第27条。

⑦ https://www.allens.com.aupubspdf/Doing-business-and-investing-in-Australia.pdf.

四、版权

版权受《1968年联邦版权法》(后文简称《版权法》)的规定且无须注册。这意味着，自作品完成创作，该作品即受保护，保护期限将持续作者一生及其死后70年。电视和声音广播的版权将自第一次播出起持续至第50年年底，而出版的录音、电视、声音广播及电影片持续至其发表后的第25年年底。①

澳大利亚在与其他世界贸易组织成员方的交易中采用了TRIPS-plus条款(采用“伯恩公约”作为标准)。② 因此，这些国际义务会在国家立法中得以实施。

版权法的主题仅限于文学作品、戏剧作品、音乐作品和艺术作品等创作；除此之外，受到版权保护的作品还包括录音、电影片、电视或声音广播，以及出版的作品。③

根据澳大利亚版权法要求，向作品提供保护的前提要求为作品的原创性。④ 这意味着作品必须由作者原创，同时根据约翰·洛克(John Locke)对版权法原则的认识，涉及该作品的某些技能及劳动会构成基于作品的版权。⑤ 作品主旨之外事项的唯一要求在于其原创性，不可仅仅是曾经的录音、电影片、电视广播或出版物的复制品。⑥

有关电路布图设计的计算技术受《1989年电路布图法》(后文简称《电路布图法》)的保护，该法对电路布局设计版权的保护与原始计算机芯片布局的版权法保护相似。⑦ 保护电路布局的要求在于该电路布局的原创性，且应与澳大利亚或与《1990年电路布局条例》中列出的外国有一定联系。符合条件布局的原始要求会高于版权法要求的标准，但低于设计法规定的标准。电路布局受《电路布图法》的保护。版权所有者拥有以物料形式复制布局的专有

---

① 《1968年联邦版权法》第4部分。可参见 https://www.allens.com.aupubspdf/Doing-business-and-investing-in-Australia.pdf。

② https://www.allens.com.aupubspdf/Doing-business-and-investing-in-Australia.pdf.

③ 第31—32条及第85—88条(第3和第4部分)。可参见 https://www.allens.com.aupubspdf/Doing-business-and-investing-in-Australia.pdf。

④ 《1968年联邦版权法》第32条。

⑤ See in general John Locke and Ian Shapiro, Two Treatises of Government and a Letter Concerning Toleration: Rethinking the Western Tradition(2003), Yale University Press, USA.

⑥ https://www.allens.com.aupubspdf/Doing-business-and-investing-in-Australia.pdf.

⑦ Ibid.

权,可根据布局或布局副本制作集成电路,并可利用该布局在澳大利亚获得商业利益。《电路布图法》规定了电路布局设计的保护期为 10 年至 20 年,具体时限取决于该布局设计是否被商业利用。①

一旦达到此阈值要求,版权将自动保存,无须注册。因此,自作品完成之时起,版权法向版权所有者(作者)提供管控该作品的专有权,其中包括作品的出版、复制和在保护期内完全转让其权利的专有权。②

在澳大利亚,侵犯版权会涉嫌刑事犯罪,例如在技术保护措施(Technological Protection Measures)责任执行制度中的犯罪行为,滥用权利以管理信息和广播解码设备,未经授权访问编码广播、盗版书籍、计算机软件、录音和电影,商业规模的侵权,以及其他影响版权所有者经济权利的行为。《版权法》规定了与侵犯版权有关的三类犯罪行为:可公诉罪行、简易程序罪行和严格责任罪行。③此类行为在联邦层面监管,因此争议需由联邦最低法院即联邦巡回法院启动。

第九节　国际条约与澳大利亚国内法之间的关系

澳大利亚法律规定的总体立场是:澳大利亚加入的条约除了终止战争状态之外,并不直接自动纳入澳大利亚法律。条约的签署和批准并不代表条约在国内的适用性。在缺乏相关法律的情况下,条约无法在澳大利亚国内法的范畴下对个人施加义务或产生权利。然而,包括条约法在内的国际法对普通法的发展产生了合法且重要的影响,即条约可用于解释法规。④

许多条约无须通过新法律和现行法律得以实施,因其可通过行政措施(例如贸易合作、国防后勤和采购条约)来实施。包括国际人权和劳资关系条约在内的其他条约已完成联邦评估并得到批准,这意味着现行的联邦及州/领地法律足以执行条约所涵盖的条款(换言之,我们已在国内满足达成各条约条款的条件,且无须采取进一步行动),或可逐步实现特定的条约义务而无须对现行法律进行彻底的改变。

---

① https://www. allens. com. aupubspdf/Doing-business-and-investing-in-Australia. pdf.

② Ibid.

③ https://www. ag. gov. au/RightsAndProtections/Documents/ShortGuidetoCopyright-October2012. pdf.

④ http://dfat. gov. au/international-relations/treaties/treaty-making-process/pages/treaty-making-process. aspx.

澳大利亚于1995年1月1日成为WTO成员，并于1967年10月11日成为关贸总协定(GATT)成员。[①]

自由贸易协定是旨在减少贸易和投资壁垒的国际条约。澳大利亚与国家及国家集团签署了众多自由贸易协定——这些协定为澳大利亚提供了更多进入重要市场的机会，改善了澳大利亚出口的竞争地位，增加了双边投资的前景，并降低了澳大利亚企业及消费者的进口成本。澳大利益最近签署的自由贸易协定涉及中国、日本、韩国和跨太平洋伙伴关系国家。[②]

澳大利亚已与阿根廷、中国、捷克共和国、埃及、中国香港、匈牙利、印度、印度尼西亚、老挝、立陶宛、墨西哥、巴基斯坦、巴布亚新几内亚、秘鲁、菲律宾、波兰、罗马尼亚、斯里兰卡、土耳其、乌拉圭和越南[③]签署了双边投资条约。随着印度的单方面退出，澳大利亚与印度的双边投资条约现已终止。因此，所有在双边投资条约终止之日前进行的投资，将自双边投资条约终止之日起15年内得到保护。但任何在双边投资条约终止之日后进行的投资都不再受双边投资条约的保护，而各缔约方必须采用其他方法以保护这些投资，包括解决投资争议的争议解决机制。

---

① https://www.wto.org/english/thewto_e/countries_e/australia_e.htm.

② http://dfat.gov.au/trade/agreements/pages/trade-agreements.aspx.

③ 澳大利亚双边投资条约的列表及全文参见 http://dfat.gov.au/trade/topics/investment/Pages/australias-bilateral-investment-treaties.aspx。

第四章　货币及银行系统与法律

第一节　澳大利亚银行系统与法律

澳大利亚银行业受涉及银行交易及银行与客户关系的法律原则和法规的约束。这些法律原则的法律渊源主要包括普通法、衡平法、商业习惯法及相关法律。同时，银行业受《银行实务守则》的约束，其作为一套具有法律效力的原则，规定了银行与零售客户合同的相关事项。[①]

相关法律包括：

(1)《1959 年联邦银行法》；

(2)《1959 年联邦储备银行法》；

(3)《1998 年联邦澳大利亚审慎监督局法》；

(4)《2001 年联邦澳大利亚证券和投资委员会法》，其中第 2 章规定了有关金融服务提供者的不正当行为及消费者保护的条款不再受《贸易行为法》的规制；

(5)《2001 年联邦公司法》，特别是第 7 部分；

(6)《1988 年联邦隐私法》，特别是第ⅢA 部分中的信用信息条款；

(7)《消费信贷法》，通常称为《统一消费者信用法》；

(8)《1986 年联邦支票法》；

(9)《公平贸易法》(如维多利亚州《1999 年公平贸易法》)。

---

① https://www.allens.com.aupubspdf/Doing-business-and-investing-in-Australia.pdf.

澳大利亚金融体系主要通过金融中介机构和金融市场运营,其中核心的金融中介机构包括银行、非银行存款机构,以及提供人寿保险及退休金等资金管理服务的金融机构。金融市场由交易所和场内交易市场组成,且参与者可直接进行金融资产的交易。

澳大利亚储备银行是澳大利亚中央银行,作为监管机构负责维护澳大利亚金融体系的诚信和稳定。在澳大利亚,主要有四家银行作为私营部门在联邦范围内经营,为客户提供全面的服务;另有小型地区银行及其他存款机构提供有限的银行服务。此外,众多外资银行在澳大利亚市场中拥有稳固的业务,其中大多数外资银行会通过利用国外总行的客户群体积极提供服务,并积极为澳大利亚的国内客户提供广泛的金融产品和服务。受诸多因素影响,如金融自由化(Financial Deregulation,又称金融松绑)和技术革新,澳大利亚金融体系得以迅速发展,规模不断增大且复杂程度不断加深。

从国际投资的角度看,金融自由化的主要特点有二:国外银行的准入和众多外汇管制的消除。外国银行进入澳大利亚市场需获得澳大利亚政府监管机构的批准,即澳大利亚审慎监管局(Australian Prudential Regulation Authority,简称 APRA)和澳大利亚证券投资委员会(Australian Securities and Investments Commission,简称 ASIC)。任何在澳大利亚境内从事银行业务或提供自行出售服务的"银行",无论其是否属于澳大利亚,均需获得 APRA 的授权。任何提供财务咨询或金融产品交易的企业也需要获得 ASIC 授权的澳大利亚金融服务许可证(Australia Financial Services Licence,简称 AFSL);为消费者从事信贷活动的企业(包括提供信贷的企业)则需要 ASIC 授权的澳大利亚信用许可证(Australian Credit Licence,简称 ACL)。若国外银行需要在澳大利亚开展银行业务,该银行可在澳大利亚境内建立子公司,且同时具有 APRA 和 ASIC 所要求的授权后,该银行子公司便可与澳大利亚的国内银行相同,提供全方位银行服务和产品。此外,另一条国外银行准入的渠道是通过建立国外银行分行来进行业务,常用于那些试图仅开发批发客户作为消费群体的国外银行。若国外银行于 APRA 同意后在 ASIC 注册外国公司,该银行可使用该银行名称运营其代表处,无须经过 APRA 及 ASIC 授权便在澳大利亚提供银行或金融服务。

银行并不是金融部门监管的唯一实体,金融部门的类似规则可适用于提供存款、财务咨询及金融产品交易的非银行实体,如人寿保险公司、健康保险公司、互助会、建筑互助协会和退休金基金。此外,财务顾问和经纪人也受澳大利亚金融体系的监管,且海外企业在澳大利亚债务市场和债务资本市场中愈发活跃。如上所述，众多外汇管制的消除增加了海外投资者在澳大利亚债务市场的准入程度，并促进澳大利亚与其他国家之间的银行业务流动。

澳大利亚不实施总体外汇及外币管制。澳大利亚货币和外国货币均可自由进出澳大利亚，但受某些条件限制。澳大利亚境内及澳大利亚境外的现金转账要求 1 万澳元以上。此外，制裁、反洗钱和反恐法律在某些情况下会限制或禁止付款、交易和买卖。例如，金融机构和其他现金交易商需报告某些可疑交易及其他交易。澳大利亚政府于 2014 年实施“金融系统查询”(也称为 Murray 查询，该查询由 David Murray 发起)。① 此查询的最终报告建议应明显变革澳大利亚金融监管体系，包括赋予 APRA 及 ASIC 更多的权力、加大披露力度、提高报告要求，以及提高财务顾问的能力和责任标准——政府已接受该报告的几乎全部建议。

第二节　管制机构

澳大利亚金融体系内主要有三个监管机构，其职责分别是：

(1)澳大利亚储备银行：负责货币及银行政策，稳定澳大利亚经济。储备银行在其结构中包括负责支付系统政策的支付系统理事会(Payments System Board)。

(2)澳大利亚审慎监管局(APRA)：负责对银行、信用社、保险公司和退休金等相关金融机构进行审慎监管。审慎监管的主要目的在于确保相关机构的健全做法和财务稳定。

(3)澳大利亚证券和投资委员会(ASIC)：负责消费者保护及市场诚信，负责监督和审查金融行业行为守则，如《电子资金转账行为守则》。ASIC 还负责执行公司法、公司许可及公司行为。

此外，澳大利亚竞争与消费者委员会(Australian Competition and Consumer Commission)在澳大利亚经济体中具有保护竞争的作用，而金融服务行业的消费者保护责任主要在于 ASIC。

---

① https://www.allens.com.aupubspdf/Doing-business-and-investing-in-Australia.pdf.

一、银行及金融服务督察机构

银行及金融服务督察机构(Banking and Financial Services Ombudsman,简称 BFSO)不属于监管机构和政府机构,而作为争议解决机制属于监管框架的一部分。《2001 年联邦公司法》(后文简称《公司法》)第 7 部分规定了 BFSO 应由 ASIC 批准以作为外部争议解决框架提供金融服务许可,并将获准的框架资格视为许可的必要条件。BFSO 作为外部争议解决计划,其核心任务在于确定并解决在其争议解决工作中发现且会影响众多客户的系统性问题,并就这些系统性问题向 ASIC 报告。

二、金融服务业中的消费者保护

《2001 年联邦澳大利亚证券和投资委员会法》指出了 ASIC 的作用、权力和责任,其中第 2 章第 2 部分规定了 ASIC 有权管制金融服务行业中的不正当行为用以保护消费者。值得注意的是,《1974 年联邦贸易实践法》第 IVA 部分和第 V 部分有关消费者保护的条款不再适用于金融服务,这意味着在对误导性或欺骗性行为以及不正当行为提出索赔时,需要基于《2001 年联邦澳大利亚证券和投资委员会法》进行阐释及辩护。例如,禁止金融服务提供商的误导性或欺骗性行为由《2001 年联邦澳大利亚证券和投资委员会法》第 12DA 条规定,而不是由《贸易实践法》第 52 条规定。

(一)有关金融服务及市场的法规

《公司法》第 7 章是《公司法》的新章节,取代了之前引入"金融服务业改革"的第 7 章和第 8 章,涉及金融服务行业(包括银行在内)的许可、披露和其他行为要求。同时,该章还规定了相关义务,包括向客户提供内部和外部争议解决机制,以满足持牌金融服务提供商作为 ASIC 批准成员的需求,并最终实现外部争议解决方案或服务提供。

(二)信用监管

《消费者信贷法》规定了澳大利亚银行提供的消费信贷,又称《统一消费者信用法》(Uniform Consumer Credit Code,简称 UCCC)。UCCC 于 1996 年引入实施,取代了以前的国家信贷立法,作为各州基于合作框架下通过的立法"模板",其核心法令是昆士兰州立法。这意味着当一个人购买了《消费者信贷法》的副本时,该人将受到昆士兰州立法的约束,此外该法已被维多利亚州采纳，即维多利亚州《1995 年消费者信贷法》。UCCC 的政策基础为贷款实情(truth in lending)，其目标为：

(1)在先合同、合同及后合同阶段向债务人、抵押人和担保人提供有意义的披露；

(2)确保信贷成本的披露以防止诈骗；

(3)实现产品的比较以鼓励竞争；

(4)通过调节实质而非形式以实现产品的灵活性。

UCCC 适用于以下信贷：

(1)向自然人或阶层公司提供的；全部或主要(超过 50%)用于个人、家庭或日常用途的。

(2)为提供信贷而收取或可能收取费用的。

(3)信贷提供者在其提供信贷或信贷拨款业务中附带于其自身业务的。

UCCC 涉及信贷合同，其中第 10 条中规定了租用人有权利或义务购买货物的租赁协议，而第 10 部分规定了租用人无权利或义务购买货物的消费者租赁事项。为此，若需确定 UCCC 是否具有适用性，需要提出一些问题，包括：债务人的地位；信贷的目的；若有担保人，担保人的地位是什么(担保人也必须是自然人或阶层公司)；信贷提供人或提供机构所涉业务；以及是否有收费，包括利息及其他费用。若这些问题均可解答，则需考虑第 7 条及相关规定中涉及的例外情形，包括：短期信贷——等于或小于 62 天，除非所收取费用超过贷款金额的 5%或利率超过 24%；低值信贷，在大多数情况下为 50 澳元；未经事先约定的信贷；唯一费用为账户费用信贷，且不超过规定最高费用的；以及票据贷款。

如果信贷提供人是当押行为人、受托人或雇主，则适用不正当交易条款；至于雇主贷款，如果雇主是信用提供人且信贷条件公平，即与其他消费者享有相同条件的，则使用 UCCC。信用合同因其困难程度导致其变更申请存在财政门槛。例如，在维多利亚州，UCCC 与维多利亚州消费者事务署(Consumer Affairs Victoria)、维多利亚州民事及行政法庭(Victorian Civil and Administrative Tribunal)一道实行监管责任，但具有专有管辖权。根据 UCCC 第 70 条，维多利亚州民事及行政法庭对于重新签订合同同样具有司法管辖权，并根据第 102 条对违反“关键要求”的行为施加民事处罚，而其他情况下则与其他法院同时管辖。此外，银行和金融服务督察机构(BFSO)还可就其相关争议适用 UCCC。

第五章 与基础设施建设相关的法律

澳大利亚是 WTO《政府采购协定》(Agreement on Government Procurement，简称 GPA)的成员，可实现并确保招标过程的透明性和非歧视性。澳大利亚企业在现有 47 个成员市场内的竞标政府采购合同时，GPA 的成员可为其提供确定性及追索权，年均估值为 1.7 万亿美元。① 随着中国和俄罗斯加入 GPA，此市场预计将进一步增长：仅中国政府采购市场的年均估值就达 1.5 万亿美元。2015 年 6 月 2 日，澳大利亚贸易与投资部部长安德鲁·罗伯(Andrew Robb)就澳大利亚加入 GPA 开始谈判，随后于 2015 年 9 月 16 日向世贸组织政府采购委员会正式提交加入申请及最初报价。

GPA 作为 WTO 的多边协议，各成员间开放政府采购市场。此协定的主要原则为透明性和非歧视性，故要求 GPA 成员为其他成员的供应商提供比国内供应商更为优惠的条件。此外，GPA 还规定了国内审查程序，从而使受损害的公司能够审查投标程序。②

第一节 《联邦采购条例》

《联邦采购条例》(Commonwealth Procurement Rules)修正版于 2017 年 3

---

① http://dfat.gov.au/international-relations/international-organisations/wto/Pages/wto-agreement-on-government-procurement.aspx.

② http://www.finance.gov.au/procurement/procurement-policy-and-guidance/commonwealth-procurement-rules/march/.

月1日起实行,其中第2部分有更新。

《联邦采购条例》作为联邦内采购的基本规则,对实体内实行的流程进行管理。

澳大利亚的政府采购信息系统为AusTender,可登录www.tenders.gov.au进行访问。AusTender作为集中的网络设施,可发布众多信息,包括相关实体的计划采购、公开招标和合同判授,并支持安全的电子招标,从而为相关实体及潜在供应商提供诚信和有效率的信息。[①]

AusTender系统可实现有关实体履行其在CPR《联邦采购规则》规定的公开义务,并实现有关实体可基于AusTender采购进行监测和审查,包括市场方法、公开合同及多用途清单,以及对合同和多用途清单的修订。有关实体必须使用AusTender发布公开招标,并在可行的范围内提供相关的请求文件。同时,有关实体可使用AusTender发布资格预审的招标或有限招标方式以进行市场化,并发布相关要求文件。[②]

(一)采购过程

在决定采购方式之前,必须对采购的预期值进行预估。预期值是拟议合同的最大值(含消费税),其中包括在合同期限内可能执行的期权、延期、续期或其他机制。[③]

(二)采购价值

在确定采购价值时,拟采购货物及服务的最大值必须包括:[④]

• 所有形式的报酬,包括可能在拟议合同中提供的任何保费、费用、佣金、利息、津贴和其他收益来源;

• 拟采购货物及服务的价值,包括拟议合同中任何期权的价值;

• 任何税收或费用。

依据合同判授于多个部门在同一时间或在某一时间段内,自一个或多个供应商处进行采购时,拟采购货物及服务的预期值应包含所有合同的最大值。

---

① http://www.finance.gov.au/procurement/procurement-policy-and-guidance/commonwealth-procurement-rules/march/.

② 文件详情参见 http://www.finance.gov.au/sites/default/files/F2016L01831.docx。

③ Ibid.

④ Ibid.

此外，同次采购不得分成单独部分，以避免相关的采购门槛。①

如果无法估计同次采购在其整个期限内的最大价值，则必须将该次采购价值视为高于相关采购门槛。②

(1)采购门槛③

当采购的预期值高于相关采购门槛且无法适用附录 A 中的豁免情形时，则必须遵守《联邦采购条例》第 2 章的规定。采购门槛(含消费税)的相关规定如下：

(a)对于非企业的联邦实体，除采购建筑服务外，采购门槛为 8 万美元；

(b)对于规定企业的联邦实体，除采购建筑服务外，采购门槛为 40 万美元；

(c)对于有关实体采购建筑服务，采购门槛为 750 万美元。

(2)采购过程

方法一——公开招标，涉及公布市场的开放方式和邀请提交申请。

方法二——资格认定，涉及公布市场的招标方法，并邀请所有潜在供应商提交申请，故需准备潜在供应商名单包括：

(a)潜在供应商的最后候选名单，且已对 AusTender 的初步市场开发做出了回应的；

(b)自通过开放市场准入而建立的多用途清单中选出的潜在供应商名单；

(c)已获得特定许可或符合法律要求的潜在供应商名单，且该许可或遵守的法律要求对采购行为十分重要。

方法三——有限招标。当采购过程无法满足公开招标及资格认定的要求时，可采取有限招标的方式，即有关实体接近一个或多个潜在供应商以提交申请。

对于等于或高于相关采购门槛的采购，有限招标仅可依据第 10.3 段中的规定或适用附录 A 中详述的采购豁免情形进行处置。④

---

① http://www.finance.gov.au/sites/default/files/F2016L01831.docx.

② Ibid.

③ Ibid.

④ 附录 A 参见 http://www.finance.gov.au/sites/default/files/F2016L01831.docx。

第六章　有关劳动管理及待遇的法律

劳工法为拟于澳大利亚开展雇佣人员企业的投资者们提供指导。

《2009 年联邦公平工作法》规定了适用于所有正式雇员的 10 项《全国雇佣标准》(National Employment Standards)(存在极少数例外情形)：

- 每周工作 38 小时(含对于有关个人和企业来说合理的额外时间)；
- 每年 20 天的年假(按比例予以兼职雇员)；
- 每年 10 天的个人休假(含病假和陪护假)(按比例予以兼职雇员)；
- 52 周的无薪育儿假；
- 长期服务休假；
- 社区服务假(允许雇员参加陪审员服务或消防等社区活动)；
- 最低限度的解雇通知期限和遣散费(参考服务年限计算)；
- 公共假日；
- 要求灵活工作安排的权利；
- 获得公平工作信息声明的权利。

签约现代劳资裁定协议(Modern Award)的雇主应该考虑其潜在劳动力是否会被现代劳资裁定协议所涵盖。现代劳资裁定协议作为工具，包括适用于特定行业或职业中指定职工分类的最低就业条款和条件，例如工资率、加班费和罚金。现代劳资裁定协议不得排斥《全国雇佣标准》，但可对《全国雇佣标准》做出附带及补充的条款。现代劳资裁定协议不适用于签署企业协议(见下文)的雇员，且通常不适用于管理层雇员。[①]

① https://www.allens.com.aupubspdf/Doing-business-and-investing-in-Australia.pdf.

第一节 雇佣合同

雇佣合同管理雇主和雇员之间的个人关系,可以成文或不成文,但以书面协议的方式记录雇用条款是一个好习惯。雇主经常会选择在雇佣合同中订立有关雇员离职后保护雇主业务、知识产权和机密信息的条款。虽然雇主和雇员可以自由地就雇佣合同的条款达成一致,但雇佣合同不得排斥《全国雇佣标准》。此外,若以雇员适用现代劳资裁定协议,则雇佣合同不得提供比现代劳资裁定协议中的最低条款及条件更加不利的条款及条件。

雇主可选择与一组员工签订合同,即企业协议。企业协议通常由工会代理,以实现雇主和雇员之间的谈判,因工会往往在谈判中代表一名或多名雇员,故雇主不得拒绝工会的讨价还价。企业协议允许在雇主和雇员同意的基础上,偏离适用于他们现代劳资裁定协议中的标准条款。

企业协议必须经过公平工作委员会(Fair Work Commission)批准,因为该委员会是就业领域的主要监管机构。公平工作委员会必须确定,依据企业协议雇员将比所适用的现代劳资裁定协议在总体上对雇员更有利。一旦经公平工作委员会批准,企业协议的运作将排斥相关的现代劳资裁定协议,直至协议终止。

第二节 退休金

所有雇主必须至少每季度定期支付雇员所选择的退休金办法,在澳大利亚被称为"退休基金"(Superannuation Fund)。雇主必须有"默认"退休基金,以为不选择特定退休金办法的雇员提供退休金。退休金的缴费应按员工定期薪酬即"普通时间收入"的 9.5%计算,总薪酬包括员工在普通工作时间内取得成果的绩效奖金。①

退休金的缴费上限为"最高缴费基数"(由立法规定),是雇主每季度必须缴纳的最高普通时间收入。截至 2016 年 6 月 30 日的财年,最高缴款基数为

① https://www.allens.com.aupubspdf/Doing-business-and-investing-in-Australia.pdf.

每季度 50810 美元。[①]

如果雇主没有在每个季度的规定时间之前,按照立法规定的比率缴费,雇主必须向澳大利亚税务局(Australian Taxation Office)报告,并支付“退休保障金”(Superannuation Guarantee Charge)——退休保障金的金额依据其公司的缴费水平制定,包括其利润和行政费用。

第三节　工作健康与安全

雇主、董事、高级职员和管理人员必须遵守有关工作健康和安全的法律。虽然立法以州为基础,但各州的相关立法应以《联邦工作健康与安全法》为蓝本,维多利亚州和西澳大利亚州除外。《联邦工作健康与安全法》(以及新南威尔斯州的相关法律)已于 2012 年 1 月 1 日开始实行。《联邦工作健康与安全法》要求雇主或经营企业的人员需安排合理可行的工作,以确保工人及其他人在其工作场所和任何其他与其业务有关的地方的健康及安全。董事、高级职员和管理人员也应根据《联邦工作健康与安全法》持续且尽职履行勤勉义务——此义务要求他们采取一切合理可行的措施,以消除或最大限度地减少工作场所的健康及安全风险,并要求他们持续监测和评估其特定工作场所存在的健康和安全风险。若该公司或其高级职员违反《联邦工作健康与安全法》规定的义务,将被认作是刑事犯罪且可被当局起诉。

第四节　保险及税款

如果雇员遇到与工作有关的疾病或伤害,雇主必须出资并维持适当的工伤保险。

通常,雇主会要求雇员在其工资及其他现金付款中扣除税款,并将这些款项汇出至澳大利亚税务局。为此,雇主必须到澳大利亚税务局注册。

在澳大利亚,某些州会需要雇员支付工资税,作为雇员每年工资即总工资的应纳税额。此应纳税额须遵守各州具体立法。[②]

---

① https://www.allens.com.aupubspdf/Doing-business-and-investing-in-Australia.pdf.

② Ibid.

第五节　反歧视

歧视意味着区别(通常不太有利)对待某人，因其具有受到反歧视法律保护的特殊特征。如果一工作场所内存在受保护的属性，包括种族、年龄、性别、残疾及宗教，则该工作场所的歧视是非法的。若雇主对待雇员或任何工作申请人存在差别待遇，且基于上述任何一种受保护属性作为理由，则该雇主应有责任依据州及联邦的反歧视法律进行赔偿。

第六节　终止

一、雇佣终止

《2009年公平工作法》(后文简称《公平工作法》)规定了有关收入低于高收入门槛(目前为136700澳元)、签约现代劳资裁定协议及企业协议的雇员终止其雇佣关系的相关事项。这些“受保护”雇员的解雇必须公平。也就是说，解雇必须基于有效的理由并按照公平的程序实施，且考虑到所有相关情况均不得严厉、不正当或不合理。若不存在这些理由，则公平工作委员会可命令雇员恢复职位和/或进行补偿。

二、欺凌终止

《公平工作法》规定了工作场所受欺凌的相关事项。如果个人或个人群体反复对某工人或某工人所在的一群工人实施不合理的行为，且此行为对健康和安全构成威胁，则可认定该工人被欺凌。通常，工人可以向公平工作委员会申请停止欺凌令，因公平工作委员会可做出其认为适当的任何命令(恢复职位、补偿或罚款除外)，以防止工人被个人或个人群体欺负。

第七节　相关立法概览

在澳大利亚境内有众多涉及工作场所的雇佣立法。

联邦层面

- 《2009年公平工作法》,创建了国家工作关系体系,以保证工人的公平性和企业的灵活性,并促进生产力和经济增长。
- 与就业和劳资关系相关的立法,涉及《1996年劳资关系法》及其修正案和修正法令,以及其他受就业及劳资关系部执行的法律。
- 《性别歧视法》和《种族歧视法》使人们免遭歧视。
- 《1999年联邦工作场所妇女平等机会法》,要求某些雇主需为妇女提供平等的就业机会,在工作场所提供妇女平等机会并建立工作场所妇女平等机会主任办公室。

昆士兰州

- 昆士兰州《1999年劳资关系法》,是有关昆士兰州与地方政府部门雇员的劳资关系法。
- 昆士兰州《2011年工作健康与安全法》。

新南威尔斯州

- 新南威尔斯州《1996年劳资关系法》。该法案旨在为新南威尔斯州的劳资关系提供框架,且该法仅适用于州政府部门的雇员。
- 新南威尔斯州《2011年工作健康与安全法》。这部新南威尔斯法案旨在确保工作人员的健康、安全和福利,并废除《1983年职业健康安全法》,适用于其他目的。
- 新南威尔斯州《1987年工人赔偿法》,规定了与工伤有关工人的赔偿和康复,此法已于2012年修订。
- 新南威尔斯州《1955年长期服务假期法》。

维多利亚州

- 维多利亚州多年来处于联邦管辖范围内,实施有关雇佣的法律,但也有维州法律以保护人们免受歧视,如《性别歧视法》和《种族歧视法》。
- 《2004年职业健康与安全法》。

南澳大利亚州

南澳大利亚州《1994年公平工作法》,涉及南澳大利亚州管辖范围内的雇主与雇员关系,且此法仅适用于州政府的雇员。

西澳大利亚州

- 《1979年劳资关系法》;

- 《1958 年长期服务假期法》；
- 《1993 年最低就业条件法》；
- 《1972 年公共及银行假日法》；
- 《1993 年工作场所协议法》。

塔斯马尼亚州

塔斯马尼亚州《1984 年劳资法》，适用于塔斯马尼亚州政府的雇员。

北领地

- 《2009 年公平工作法》。

澳大利亚首都领地

- 澳大利亚首都领地《1991 年歧视法》，旨在尽可能地消除在工作、教育、房屋通行、提供货物、服务、设施和住宿方面的歧视。[①]
- 澳大利亚首都领地《1994 年公共部门管理法》，旨在管理澳大利亚首都地区的公共部门，2001 年 9 月至今的各个历史版本都可访问。[②]

第八节　签证要求

在符合某些标准的情况下，澳大利亚的雇主可以申请通过赞助，使得人员以临时工（技能）签证（第 457 类）在澳大利亚工作四年。赞助条件之一是澳大利亚移民和边境保护部（Department of Immigration and Border Protection）必须确定，该雇员将至少以澳大利亚最低雇佣条款及条件得以达成雇佣目的，移民和边境保护部与相关工会就此问题的磋商并不罕见。政府已决定大幅度改变第 457 类签证框架的条件，以支持当地劳动力得以优先于进口劳动力，而这一决定可能会影响未来外国投资者的业务决策。[③]

① 参见澳大利亚首都领地《1991 年歧视法》第 4 条。

② https://www.awu.net.au/employment-legislation.

③ 具体的签证条件仍在制定，更多信息参见 https://www.border.gov.au/Trav/Work/457-abolition-replacement。

第七章 环境法

澳大利亚联邦政府、各州及领地政府和地方政府共同执行并管理环境保护。澳大利亚联邦政府立法规定了有关国家环境及文化考量的评估及准入过程，而州及领地有关环境保护的法律适用于具体的业务活动。[①]

经营“绿色”业务作为时效最新且发展最快的领域，为小企业提供了机会。适应环境管理流程的人们已经意识到，经营绿色业务不仅有助于澳大利亚的环境，还有利于从保护环境的角度从事更好的业务经营。[②]

任何商业类型均有既可减少企业对环境的影响，又可提高环境保护最低承诺的方法。例如，企业可通过积极减少产品碳足迹并降低浪费水平来促进持续性，以便节省能源、减少投入，并为消费者留下企业的积极印象。[③]

澳大利亚政府认为，所有在澳大利亚经营的澳大利亚企业都可以在环境管理中发挥作用。同时，环境法的条款会根据商业活动的类型得以直接适用。

联邦、各州及地方政府通过双边协议共同执行澳大利亚的环境保护法。每个企业主均需了解哪些法律适用于其自身的业务。[④]

由环境部执行的《联邦环境保护和生物多样性保护法》规定了国家环境及文化考量的评估及准入过程。环境部还负责执行具体法律，主要涉及的活动包括：海、进口、遗产问题、危险废物以及燃油质量。

各州及领地的环境法适用于具体的商业活动，同时由各州政府和地方政

---

① https://www.austrade.gov.au.

② https://www.business.gov.auinforun/environmental-management.

③ Ibid.

④ https://www.business.gov.auinforun/environmental-management/environmental-legislation.

府以牌照及许可的形式予以执行。[①]

《联邦环境保护和生物多样性保护法》促使澳大利亚政府与各州及领地政府一道，提供真正的国家环境保护、遗产保护和生物多样性保护计划。《联邦环境保护和生物多样性保护法》将澳大利亚联邦政府的利益集中在保护国家环境的事务上，同时各州及领地对各州和地方的重要事项负责。[②]

相关立法概述

澳大利亚首都领地

- 《1997 年环境保护法》；
- 《商业和行业环境保护指南》中涉及影响 ACT 业务的环境立法和执业守则。

新南威尔斯州

《1997 年环境保护行动法》。

- 其他新南威尔斯州的环境立法。

北领地

- 《1982 年环境评估法》；
- 环境保护相关立法；
- 环境评估相关法律。

昆士兰州

- 《1994 年环境保护法》；
- 商业和行业信息的相关法律。

南澳大利亚州

- 《1993 年环境保护法》；
- 环境保护相关立法；
- 实践守则。

塔斯马尼亚州

- 《1994 年环境管理和污染控制法》；
- 有关环境政策、出版物、程序和战略的信息。

---

① https://www.business.gov.auinforun/environmental-management/environmental-legislation.

② http://www.environment.gov.auepbcabout.

维多利亚州

- 《1970 年环境保护法》;
- 维多利亚州其他的环境立法。

西澳大利亚州

《1986 年环境保护法》。

打算在澳大利亚经商的外国投资者,若其企业有可能影响环境,则该投资者应首先了解其是否需要根据《联邦环境保护和生物多样性保护法》获得批准。以下行为受《联邦环境保护和生物多样性保护法》约束:项目、开发、企业、活动或一系列活动在内的行动,以及任何此类行动的变更,例如建设、扩建、更改或拆除建筑物、结构、基础设施或设施;储存或运输有害物质;废物处理;土方工程;蓄水、采水及转用水;研究活动;植被清除;军事演习及军事装备的使用;出售或出租土地。① 此外,另有其他 9 项具有国家环境意义的事项受到《联邦环境保护和生物多样性保护法》的保护,世界遗产、国家遗产名录、国际重要湿地(列入《拉姆萨尔公约》的湿地)、列入受威胁物种和生态社区、迁徙物种(受国际协定保护的)、联邦海域、大堡礁海洋公园、核(包括铀矿),以及与煤层气开发及大型煤矿开采有关的水资源。②

任何对以上 9 项具有国家环境意义的事项可能产生"重大影响"的行动都需要得到事先批准(来自环境部部长)。《联邦环境保护和生物多样性保护法》将"重大影响"定义为"重要、显著或有意义,考虑其背景、强度以及行动是否可能产生重大影响取决于受影响环境的敏感性、价值和质量,以及其可承受影响的强度、持续时间、幅度和地理范围"③。若商业行为会对上述 9 项事项产生影响,则该商业行为必须获得由联邦政府颁布的牌照及许可。各州政府同样有其各自的规章制度,以及不同类别的牌照及许可。

环境部负责维护交互工具用以检索有关受保护的事项,以便外国投资者检索预期的营业场所,并查看其业务是否会受到《联邦环境保护和生物多样性保护法》的影响。④

---

① http://www.environment.gov.au/epbc/about/glossary#significant.

② http://www.environment.gov.au/epbc/what-is-protected.

③ http://www.environment.gov.au/epbc/about/glossary#significant.

④ 检索工具可访问 http://www.environment.gov.au/epbc/protected-matters-search-tool。

第八章　有关涉外实体解决争议的法律

“诉诸司法”(Access to justice)是澳大利亚联邦政府的优先事项，通常被理解为进入法庭。然而，澳大利亚拥有多种替代程序解决争议，并可通过协议或在某些情况下通过立法得以强制执行。①

澳大利亚鼓励外国投资者通过仲裁解决争议，这是最有用的手段之一。由于法院系统差异以及普通法程序规则的不同，普通法司法管辖区内的投资者可能会选择在法庭上解决争议。如今，澳大利亚经济与全球经济相互融合，并与亚洲极度密切相关，②但贸易与商业的增长肯定会导致争端。因此，任何国家的投资者都应熟悉基本的解决纠纷制度，这将有助于吸引外国对澳大利亚的投资。这方面以《联合国贸易法委员会国际商事仲裁示范法》(后文简称《示范法》)为基准。澳大利亚于2010年修订了《1974年联邦国际仲裁法》(后文简称《国际仲裁法》)，其中采纳了通过了《示范法》中的国际商事仲裁机制。《国际仲裁法》规定了澳大利亚基于《纽约公约》③和《关于解决国家与其他国家国民之间投资争端公约》④框架下的义务。在此过程中，《国际仲裁法》旨在

---

① See in general, Tania Sourdin, “Alternative Dispute Resolution”, 5th edn, Thomson Reuters, Australia, 2016.

② https://acica. org. au/wp-content/uploads/Resources/Papers/ADRB-Vol. -2-No. -1-Australia. pdf.

③ 澳大利亚于1975年3月26日准入《纽约公约》。参见 http://www. newyorkconvention. org/countries。

④ 澳大利亚于1975年3月24日签署《关于解决国家与其他国家国民之间投资争端公约》并于1991年6月1日实行。参见 http://moulislegal. com/wp-content/uploads/2014/12/Investor-State-Dispute-Settlement-Australia. pdf。

通过鼓励使用仲裁来解决争端以促进国际贸易和商业。[1] 虽然《国际仲裁法》基于《示范法》，但其修正案的关键要素包括"可选择加入"有关保密及合并诉讼的条款，并且"可选择退出"涉及仲裁庭授权的权力、费用担保及利益的条款。[2]

第一节　商事仲裁

为了通过仲裁解决商业纠纷，各方必须在签署商业协议时，提前规划一条明确仲裁的条款以作为解决争议的方法。在争议发生之后，各方也可以商定签订条款以指明将使用仲裁作为争议解决方法，但若各方意见不合则很难就任何事情达成一致。因此，事先签订采用仲裁作为合同争议解决手段的协议是非常有帮助的，因为这份协议可能会考虑到任何或与合同有关的潜在争议。

澳大利亚有两套法定机制管控仲裁：基于联邦的机制管控国际仲裁；基于各州的机制管控国内仲裁。所涉及的立法均基于《示范法》，以实现国际仲裁的最佳实践。《纽约公约》的贯彻执行促使澳大利亚执行以《纽约公约》为基础的外国仲裁裁决制度。

澳大利亚是联邦制国家，各州均有其自身的国内仲裁法律。全国检察长常务委员会于 2010 年 6 月同意实施《模范商事仲裁法案》，适用于国内仲裁。[3]《模范商事仲裁法案》旨在改革澳大利亚国内仲裁法使之具有同一性，并确保与国际仲裁使用法律的一致性。新南威尔斯州通过了新南威尔斯州《2010 年商业仲裁法》，成为首个实施《模范商事仲裁法案》的州。多数州及领地现已颁布了类似的《商业仲裁法》。[4]

第二节　与仲裁相关的司法体系

澳大利亚的法院实行友好仲裁制度。按照《示范法》规定的限制，法院不

---

① https://acica. org. au/wp-content/uploads/Resources/Papers/ADRB-Vol. -2-No. -1-Australia. pdf.

② Ibid.

③ Ibid.

④ Ibid.

得干涉仲裁,但在特定情形下则通常需要法院进行干预,如作为监督法院撤销裁决(在仲裁地点)或做出临时命令。同时根据《纽约公约》,在澳大利亚寻求外国裁决时也会涉及法院。因此,法院应依据其所在地实施仲裁管辖权,了解国际仲裁运作的全球背景,并致力于维护仲裁程序的完整性。①

因《国际仲裁法》修正案有助于《示范法》的适用,故澳大利亚法院受邀来决定仲裁庭的功能,以及法院在澳大利亚宪法背景下撤销或执行程序方面的作用。在所有这些情况下,对于那些采纳《示范法》国家的法院,澳大利亚法院事实上支持了这些法院对仲裁的期望。澳大利亚法院的此种做法在确保澳大利亚提供安全可靠仲裁的方面发挥了重要作用。

例如,澳大利亚高等法院于 2013 年对 TCL Air Conditioner (Zhongshan) Co Ltd v Judges of the Federal Court of Australia 案②[TCL 空调器(中山)有限公司诉澳大利亚联邦法院法官案]进行判决,驳回了对于《国际仲裁法》的宪法挑战,认为《国际仲裁法》可明确表明宪法修正案,从而加强了澳大利亚作为良好仲裁国家的地位。

在这种情况下,TCL 空调器(中山)有限公司(后文简称 TCL 公司)认为,《国际仲裁法》的要求与《澳大利亚联邦宪法》(后文简称《澳大利亚宪法》)不符,因为《澳大利亚宪法》第 3 章具体规定了"联邦的司法权应……归属于联邦的法院",其中应包括联邦法院。第一个理由是基于《国际仲裁法》第 16 条(要求强制执行《示范法》第 5、6、8 和 35 条)和《国际仲裁法》第 7 条及第Ⅲ部分与《澳大利亚宪法》第 3 章中的要求不一致,即澳大利亚法院应行使独立的司法权,故《国际仲裁法》是违宪的。TCL 公司认为,《国际仲裁法》的相关条款损害了这种独立性,并且若依据《国际仲裁法》设想的方式执行裁决,则意味着联邦法院没有任何独立的司法程序以行使司法权。理由继续指出,尽管法院存在法律缺陷,但仍然要求法院做出司法判决。

高等法院驳回了这一理由,并一致认为仲裁权不是司法权:司法权不论当事人同意与否均是有效的,而仲裁权依赖于当事人的统一。故法院认为,在执行仲裁裁决时,法院只是执行双方达成的协议。

TCL 公司的第二个理由是,《国际仲裁法》使仲裁人富有联邦司法权,这不符合《澳大利亚宪法》第 3 章的规定。高等法院经过仔细探讨司法权与仲裁

---

① https://acica.org.au/wp-content/uploads/Resources/Papers/ADRB-Vol.-2-No.-1-Australia.pdf.

② [2013] HCA 5.

权的差异，驳回了这一理由。①

此案具有特殊意义，因为6位州检察长中有4位作为调停者参与了此案。此外，所有主要仲裁机构，如澳大利亚国际商事仲裁中心有限公司、仲裁和调解员委员会有限公司和特许仲裁员研究所（澳大利亚）有限公司也提交了法庭之友陈述。②

TCL公司还澄清说，国际裁决不会因违反自然正义而被撤销或拒绝执行，除非在诉讼中存在真正的不公平或真正的实践不公。③ 此案至少解决了《国际仲裁法》是否违宪，并清除了所有不确定因素，从而促使投资者将仲裁视为在澳大利亚采取争议的解决手段。此后，澳大利亚法院已经愿意适用《国际仲裁法》的规定，以支持当地和外国仲裁，并为关键领域的仲裁从业人员提供宝贵的指导。④

外国投资者可注意到，《示范法》第17J条规定了澳大利亚法院有权按法院认定适当的方式单方面对仲裁协议的第三方采取临时措施。同时，此项权力延伸至对任何资产在澳大利亚的人（包括银行或金融机构）所发出冻结令。⑤

即使在执法阶段，澳大利亚法院也支持仲裁。一旦执法程序开始，法院不得休会，除非澳大利亚公共政策受到威胁，而这种情况往往是十分罕见的。因此，若需澳大利亚执行外国仲裁裁决，联邦法院确认其必须行使放弃执行程序的酌处权，《国际仲裁法》第8(5)条中另有规定的除外，或澳大利亚公共政策要求不执行裁决的除外。⑥

澳大利亚法院作为执法法庭在相同问题上同意监督法院（仲裁所在地）的判决。联邦法院合议庭指出："在任何情况下，《纽约公约》国家的执法法院均

---

① http://www.fedcourt.gov.au/digital-law-library/judges-speeches/chief-justice-allsop/allsop-cj-20140328.

② https://www.dlapiper.com/en/australia/insights/publications/2013/03/australia-high-court-settles-heated-constitution/.

③ https://acica.org.au/wp-content/uploads/Resources/Papers/ADRB-Vol.-2-No.-1-Australia.pdf.

④ Ibid.

⑤ ENRC Marketing AG v OJSC "Magnitogorsk Metallurgical Kombinat,[2011] FCA 1371. 参见 https://onlineservices.cliffordchance.com/online/freeDownload.action? key。

⑥ ESCO Corp v Bradken Resources Pty Ltd,[2011] FCA 905. 详情参见 http://www.allens.com.au/pubs/arb/foarb12sep11.htm。

不得与(监督)法院在仲裁所在地就相同问题达成不同的判决意见。”[①]相关案件作为澳大利亚支持仲裁决定的例子，表明司法机构承诺在法院支持和法院干预仲裁程序之间保持适当的平衡。同时，这些相关案件为澳大利亚法院的适用方法提供了一定程度的可预测性，并提高了将澳大利亚作为仲裁所在地的信心。[②]

第三节　经澳大利亚证券投资委员会批准的争议解决机制

多年来，澳大利亚证券投资委员会(Australian Securities and Investment Commission)已批准了八套外部争议解决机制。

澳证券投资委员会为解决金融、证券、银行和其他金融相关纠纷，目前已经批准了两套为澳大利亚金融和信贷行业实行的外部争议解决机制，分别是金融督察服务公司(Financial Ombudsman Service Limited，简称 FOS)和信贷投资督察机构(Credit and Investments Ombudsman，简称 CIO)。这两套争议解决机制均已根据《公司法》和《全国消费者信贷保护法》的规定，得到了澳证券投资委员会的批准。[③]

一方面，FOS 处理各种金融和信贷产品及服务的投诉，其中涉及的投诉主要针对银行、信用合作社、外汇交易商、存款接受者、信贷提供人、抵押经纪人、一般保险公司、保险经纪人、人寿保险公司、基金经理、财务顾问和规划师、股票经纪人和某些退休金提供者。[④] 自 2008 年起，FOS 已对三个经 ASIC 批准的争议解决机制拥有管辖权，即银行及金融服务督察机构(Banking and Financial Services Ombudsman)、保险督察服务有限公司(Insurance Ombudsman Service Limited)，以及金融行业申诉服务机构(Financial Industry Complaints Service)。另有两项已经 ASIC 批准的争议解决方案也加入了 FOS，即信托争议处理中心(Credit Union Dispute Resolution Centre)和保险经纪争议处理有限公司(Insurance Brokers Disputes Limited)。

---

① Gujarat NRE Coke Ltd v Coeclerici Asia (Pte) Ltd,[2013] FCAFC 109.

② https://acica. org. au/wp-content/uploads/Resources/Papers/ADRB-Vol. -2-No. -1-Australia. pdf.

③ http://asic. gov. au/regulatory-resources/financial-services/dispute-resolution/asic-approved-dispute-resolution-schemes/.

④ Ibid.

如今，FOS 在为融和保险的相关争议提供统一的争议解决服务。

另一方面，信贷投资督察机构负责处理有关信用合作社、建筑协会、非银行贷款人、抵押贷款和金融经纪人、财务策划人员、贷款人和收债员、信用许可证持有人和信贷代理人的投诉。

退老金投诉审裁处(Superannuation Complaints Tribunal)是联邦政府设立的独立法庭，负责处理有关退休金、年金和递延年金以及退休储蓄账户的投诉。退老金投诉审裁处依据《退休金(投诉处理)法案》行事。[①]

澳大利亚海运与运输委员会(Australian Maritime and Transport Commission，简称 AMTC)作为澳大利亚国际商事仲裁中心(Australian Centre of International Commercial Arbitration，简称 ACICA)，是海运和运输纠纷解决服务的创新提供者，满足澳大利亚和亚太地区海运和运输业的具体需求。在 ACICA 和联邦总检察署的帮助下，AMTC 于 2007 年成立，位于悉尼，并与海运业展开密切合作。[②]

澳大利亚争议中心(Australian Disputes Centre)和墨尔本商业仲裁与调解中心(Melbourne Commercial Arbitration and Mediation Centre)组成信息网，为仲裁及调解程序提供了世界级的听证和后勤支持，并与 ACICA 一道为澳大利亚仲裁提供了强大的机构和行政支持。ACICA 是由《国际仲裁法》承认和任命仲裁员的唯一默认机构。ACICA 服务包括：[③]

(1)按照其自身规则和特别程序运作，包括根据《贸易法委员会仲裁规则》，为各种形式的替代性争议解决提供公正任用和管理；

(2)维持国际仲裁员和调解员小组，可使用缔约方的资源；

(3)提供《贸易法委员会仲裁规则》及相关示范条款，促进仲裁及调解的最佳实践；

(4)协助各方安排设备及服务以管理其争议解决进程，包括房租、转录和翻译服务；

(5)在争议解决进程中担任有关法庭及调解员费用的账户持有人，其中涉及包括根据其他机构规则执行的案件。

ACICA 自 1985 年成立以来，为澳大利亚的国际商事仲裁及调解提供了

① http://asic.gov.au/regulatory-resources/financial-services/dispute-resolution/asic-approved-dispute-resolution-schemes/.

② 有关澳大利亚海运与运输委员会的详情参见 https://amtac.org.au。

③ https://acica.org.au.

支持。如其他国际仲裁机构一样,ACICA 有其自身的仲裁规则(即《ACICA 规则》)。ACICA 还可提供仲裁条款的量身定制,即外国投资者可在合同中列入争议解决条款,以利用澳大利亚的机构为仲裁提供支持和服务。①《2016 年 ACICA 规则》已录入现行仲裁的国际惯例和标准。虽然此规则的制定基于《贸易法委员会规则》,但其还包括紧急仲裁、诉讼保密和仲裁合并等相关事项。② 此外,《2016 年 ACICA 规则》会进行定期审查,以确保其可继续反映国际仲裁的最佳实践。

如果外方致力于迅速解决争议,可选择 ACICA 的《2016 年快速仲裁规则》。根据此项规则,外方可快速跟踪仲裁,通常适用于那些价值较低及复杂程度不高的争议。③

译者:孙珏岫
中国政法大学英语语言文学硕士
浙江大学跨文化与区域研究所研究助理

① 示范仲裁条约可访问 https://acica.org.au/acica-model-arbitration-clause/。

② 《2016 年 ACICA 规则》可访问 https://acica.org.au/acica-rules-2016/。

③ https://acica.org.au.

英国

Christopher Ryan教授

作者介绍

Christopher Ryan教授是英国伦敦城市大学城市法学院公司法和刑法学的教授，他曾于此担任院长达14年之久，也曾在英国和新西兰的其他大学任教，并担任中国香港城市大学法学院的学术顾问。

概　述

大不列颠及北爱尔兰联合王国，简称英国，又称联合王国（United Kingdom），位于西北欧，是一个由英格兰、苏格兰、威尔士以及北爱尔兰组成的岛屿国家。英格兰首府伦敦是英国的首都，是一个极具全球影响力的金融和文化中心。

在2011年的普查中，英国的人口数大约为6318.2万人，其中3102.9万为男性，3215.3万为女性。其中，英格兰的人口数为5301.2万人（占英国总人口的84%），苏格兰约为529.5万人（8.4%），威尔士约为306.3万人（4.8%），以及北爱尔兰约为181.1万人（2.9%）。根据最新的普查数据，2015年英国的总人口数约为6490万人。回溯到1960年，英国的总人口数为5220万人。在2013年，英格兰的人口密度为413人/平方千米，与之相对应，威尔士为149人/平方千米，北爱尔兰为135人/平方千米，而苏格兰的人口密度最低，仅为68人/平方千米。英国预计其人口数量将于2037年间增长到7330万人。当前英国的收入和平均寿命如下：①

人均 GDP	41787.47 美元（2013）
平均寿命	81.50 岁(2012)
国内生产总值	2.678 万亿美元(2013)

① 更多信息参见 http://www.ons.gov.uk/peoplepopulationandcommunity/populationandmigration/populationestimates/articles/overviewoftheukpopulation/february2016。

英国是世界上最大的经济体之一,也是全球第七大出口生产商。伦敦是全球领先的金融中心之一。英国采用自由市场经济,其物价由供给和需求决定。政府仅在少数行业中规定价格(例如能源、品牌医药业以及某些运输行业)。

英国采用君主立宪制和议会民主制。君主(伊丽莎白二世)作为国家首脑,其行为依据是行政大臣的建议。女王陛下政府的行政权通过选举产生,通常为五年一届。英国的立法机关为议会,采用两院制,包括由选举产生的下议院和非选举产生的上议院。首相(作为政府首脑,实际上可任命政府部长)通常是在下议院占多数席位的政党的领导。英国是单一制而非联邦制的国家。然而,众多立法权和财政支出权均移交给爱丁堡的苏格兰议会、加的夫的威尔士国民议会和贝尔法斯特的北爱尔兰国民议会。

关于苏格兰是否应当成为独立国家的全民公投在苏格兰举行,并于 2014 年 9 月 18 日得出结果:苏格兰仍应作为英国的一部分。基于历史的原因,英国并不拥有单一统一的法律制度。英格兰和威尔士共用一套法律制度,苏格兰有一套而北爱尔兰有另一套。英格兰和威尔士的法律制度与苏格兰的显著不同。而北爱尔兰的法律则与英格兰和威尔士的法律基本相似,尽管它自身拥有大量议会法案。但是,众多现代立法(如税法)适用于英国全境。

在大多数案件中,英国最高法院对于英格兰、威尔士及北爱尔兰法律三个司法制度下的上诉拥有终审权。最高法院对于英国所有民事案件和英格兰、威尔士及北爱尔兰刑事案件拥有终审权,并在适当的时候适用苏格兰法律。根据公约,12 个最高法院的法官中有 2 名来自苏格兰,并且现在有 1 名来自北爱尔兰。

目前,由于英国仍然是欧盟的成员,所以处理适用于欧盟法案件的最高法院为欧盟法院(CJEU)。英国法院必须赋予可直接适用的欧盟法效力并根据欧盟法解释英国法律。若指控不明晰且英国法院须对该指控做出判决,则英国法院必须向位于卢森堡的欧盟法院就该指控提出相关问题。

英国法院应赋予《欧洲人权公约》中所包含的权利效力。这一条约或者公约的成员包括所有欧盟的成员国,但是超越了它的范围,还包括其他签署国,例如俄罗斯和土耳其。每个居住在欧盟人权法院成员国内的个人主张,当它所享有的公约权利没有得到所在国法院判决的尊重时,在其用尽当地救济后,可以将该国起诉至斯德拉斯堡的欧洲人权法院。

英国是欧盟的成员国之一,但是其绝大多数人在 2016 年 6 月 23 日投票决定脱离欧盟。英国不是《申根条约》的成员,《申根条约》允许非欧盟游客在其他欧盟国家内自由流动。同时，英国也不是欧洲货币联盟的参与者，这意味着英国不接受欧元作为货币，而倾向于保留英镑作为本国的货币和国家财经系统的基础。英国是经合组织、世界贸易组织和欧洲经济区（欧洲经济区，即28个欧盟成员国，加上冰岛、列支敦士登和挪威）的成员。

只要仍为欧盟成员国，英国就需要遵守欧盟的法律，不仅在国内法庭上遵守欧盟法律，也要遵守欧盟的官方指令和条例，即，由欧盟立法机关（位于布鲁塞尔的欧盟理事会和欧盟委员会）颁布的二级立法，这些立法通常有关贸易条约、进口条例、关税义务、农业协定、进口配额、原产地规则以及其他贸易条例等方面。英国贸易同时要遵守WTO的规则。

在英国运营的公司可以根据欧盟成员资格进入消费者免税市场，并通过其他协议与冰岛、列支敦士登、挪威以及瑞典进行自由贸易。

第一章　海关系统及其法律

进出口货运管理关口(CHIEF)系统对通过陆运、空运以及海运进入海关的商品的申报进行了记录。这一系统允许进口、出口及航运完成海关信息并自动查验入口错误。① CHIEF 连接着五个社区系统供应者;其为五个独立的贸易系统,直接服务于上百个运货商、货栈以及货运代理人。采取怎样的程序取决于货物来自欧盟还是非欧盟国家。

第一节　来自非欧盟国家的进口商品

与非欧盟成员国进行贸易,以及非欧盟成员国的货物在欧盟成员国内进行流动时,需要使用欧盟统一报关单(在英国通常叫作 C88 表)进行入关申报。② 当货物进入英国时,需要支付进口税和增值税。进口税是按照货物价值(商业发票、保险费以及运费成本)而征收的。③ 增值税是基于总增值额而

---

① 英国政府,"进出口货物海关处理:贸易商报关处理系统"(政府网站 2012 年 8 月 2 日),< https://www. gov. uk/guidance/chief-trader-import-and-export-processing-system > accessed 1 June 2017。

② United Kingdom Government,"The Single Administrative Document for import and export" (Government website 2 August 2012)<https://www. gov. uk/guidance/declarations-and-the-single-administrative-document>accessed 1 June 2017.

③ United Kingdom Government,"How to value your imports for customs duty and trade statistics" (Government Website 24 September 2012)<https://www. gov. uk/guidance/how-to-value-your-imports-for-customs-duty-and-trade-statistics>accessed 1 June 2017.

征收的，包含进口税。

大多数商品都可以进口到英国，没有任何限制，但有些产品需要进口许可证。其中包括武器、动植物、食品、药品、纺织品和化学品的进口。①是否需要许可证也取决于产品的原产地。主管机构需要根据产品的种类发放许可证(例如食品标准部门、卫生安全部门、农村支付局等)。

在这一领域，英国法的大部分内容受到了欧盟法的影响。例如，英国为实施关于一般产品安全的《2001/95/EU 指令》而制定了《一般产品安全条例2005》，其目的是确保市场上非食品产品的安全性。根据此条例，当生产商和分销商意识到其所投放或供应市场的产品会给消费者带来风险，与一般产品安全条例要求不相符时，有义务通知当地管理部门。②

第二节 出口到非欧盟国家

欧盟成员国采用市场监督并实施产品安全规则。欧盟统一报关单被用于与非欧盟国家进行贸易和非欧盟商品在欧盟内部流动时的出口申报。通常，货运代理人需要承担处理所有海关文件和出口程序的工作。部分商品会受到出口的限制并需要提供出口许可证。这些商品包括军事或准军事产品和技术，双重用途的商品、艺术品、动植物、药品以及化学制品。许可需求也可能取决于产品的目的国。出口管控组织，商业、创新及技术部的分支部门，在“受控”的产品方面向企业提出建议并向军用和双重用途的物品颁发所需的许可证。③

英国政府提供了多套促进英国出口的计划。出口信用担保部门(ECGD)向出口商提供保险，防范海外买家不予支付的情况，为海外买家提供英国货物

① 英国政府，“进出口许可证”(政府网站 2012 年 8 月 1 日)，＜https://www.gov.uk/guidance/export-and-import-licences-for-controlled-goods-and-trading-with-certain-countries＞accessed 1 June 2017。

② 英国政府，“制造商的产品安全”(政府网站 2005) accessed 14 December 2016。

③ 英国商务与技能部，“OGEL 和货物检查工具”(政府网站未注明日期)＜https://www.ecochecker.bis.gov.uk/spirefox5live/fox/spire/OGEL_GOODS_CHECKER_LANDING_PAGE/new＞accessed 1 June 2017。

或服务的银行贷款担保，以及提供针对英国外来投资的政治风险的保险。[①] ECGD的核心功能是提供保险覆盖或者保障出口商(或者支持他们的金融机构)承受的海外银行和债务人不予支付的风险。现在，每个工业化的国家都建立了出口信贷机构(ECA)这样的机构，虽然每个机构的地位和工作的方法或许不同。[②]

主要的计划包括下列三个。出口护照：一系列补贴服务，包括出口卫生检查、出口咨询、市场走访支持、质量培训等。贸易展引入计划：许可中小型企业参与海外的贸易展和展览会。出口市场调研计划：允许向调查与项目相关的出口市场调查的花销提供资助。

第三节　海关文件要求

海关清关程序要求进口商提交一系列文件。在英国根据进口、出口的方法，通过航运、海运或者相关货运代理人，代表进口商准备并提交清关文件。需要进口商提供的文件有：

商业发票：这是最重要的证明销售的文件，对商品进行描述，并反映商品的价格或者货物的价值。[③] 海关估价是根据反映在商业发票上的价值来进行的。海关也可以核实商业发票所收取的比例，并且在有足够理由令人相信所收取的比例没有按照国际市场的比例，或者发票被低估来避免税费时，提出质疑。[④]

装箱单：在所有的货物上，需要将装船标记张贴在每一件或者每一个包裹上。[⑤] 在托运货物中，具体的包裹数量、它们的尺寸、装船标志、每个包裹的总重和净重，以及每个包裹中包含物品的编码均被分类，以装箱单的形式进行记录。装箱单详细的商品清单通常包含在每一个货运包裹中，并对托运人准备

---

① 英国政府，“关于我们”(政府网站 2016)＜https://www.gov.uk/government/organisations/uk-export-finance/about＞accessed 1 June 2017。

② Ibid.

③ 管理学习指南，“进口文件要求海关清关”(管理网站 2016)＜http://www.managementstudyguide.com/imports-documentation-in-customs-clearance.htm＞accessed 1 June 2017。

④ Ibid.

⑤ Ibid.

的内件的数量、描述以及重量进行说明。[①] 装箱单被用于辨别在上述发票中包裹属于哪一特定的委托。装箱单上的细节与商业清单以及提单/空运提单的内容完全一致。然而，装箱单中无须说明相关的价格信息。[②]

原产证明：某些双边协定和多边协定可以享受进口方面的优惠关税。[③] 在货物从这些成员国出口的情况下，指定的出口代理商向进口商颁发原产证书，以提交给海关。根据这份原产证书，进口国海关部门按照具体时间对货物进行分类。原产证书也有助于避免第三国通过成员国进行指定路线的进口，并影响第三方出口来规避税费、数量或者许可限制。[④]

提单或空运提单：提单是可转让的多式联运文件，根据销售条款，由上述货物的承运人的航运公司，代表出口商或者进口商签发。[⑤] 当商品被运输到指定的目的地时，提单也被视为运输收据。不管采用什么样的运输形式，该文件必须与所运输的货物相伴，并且必须由承运人、托运人以及收货人的授权代表签字。空运提单是由航空公司或者由与空运货物整合的货运代理人签发可转让的运输单证。在公路运输方面，运输者需签发一份包含装载货物的可转让的货运单。根据运输形式，这些文件的其中之一需要与商业发票、装货单一并提交给海关进行审查。[⑥]

---

① TechnoFun, "Accounts Receivable Documents" (Business Website 2016) <http://www.technofunc.com/index.php/functional-skills2/order-to-cash/item/accounts-receivable-documents> accessed 1 June 2017.

② Export Help, "出口文件"（2015 年商业网站）<http://www.exporthelp.org/documentation/packing.html> accessed 1 June 2017。

③ Ibid.

④ Ibid.

⑤ 管理学习指南，"海关清关进口文件要求"（管理网站 2016）<http://www.managementstudyguide.com/imports-documentation-in-customs-clearance.htm> accessed 1 June 2017。

⑥ Enterprise Europe Network London，"进出口指南"（商业网站 2010 年 6 月）<http://www.londonchamber.co.uk/DocImages/7405.pdf> accessed 1 June 2017。

第二章　外国直接投资制度和法律

根据经合组织估计，在2014年间，英国对内外国直接投资(FDI)存量价值增长了9%以上，首度超过1万亿英镑。自2010年以来，英国FDI存量增长了大约50%，到2014年年底达到1.065万亿英镑。英国贸易投资署(UKTI)决心增加FDI存量，在2020年达到1.5万亿英镑，并且最新的数据显示这一目标是有望实现的。①

第一节　英国外国投资者的准入

除了那些绝大多数国家都需要遵守的一般国际投资法，每个司法管辖区在其本国为了规制外商投资，都设立了自身特别的法律框架。英国没有在国内法中为外商投资设立单一的、特别的法律框架。相对而言，相关的规则和规定体现在各种条例和法定文件中。② 部分英国的监管框架根据一些保护外国

---

① https://www.gov.uk/government/publications/ukti-inward-investment-report-2014-to-2015/ukti-inward-investment-report-2014-to-2015-online-viewing.

② Gao, "Foreign Investment Laws and Policies Regulating Foreign Investment in 10 Countries" [February 2008] Report to the Honourable Richard Shelby, Ranking Member, Committee on Banking, Housing, and Urban Affairs, U. S. Senate, 99, http://www.gao.gov/new.items/d08320.pdf.

投资者的双边投资协定(BITs)来制定。英国与近百个国家签订了双边投资协定。[①] 尽管英国 BITs 范本是为了向外国投资者提供保障,但是如果英国没有通过成文法或者法律文件的形式使它们生效,那么投资者就不能在英国国内法庭上直接援引投资协定。[②]

在英国,外国投资者准入是基于注册而非授权,这意味着从英国法律的角度来看,如果一个公司是根据《2006 年公司法》设立的,那么外国国民设立公司是不受法规约束的。[③] 对于英国和外国投资者来说,在英国设立公司的程序是一样的,对外国投资没有特别的审批机制。外国人可在英国自由设立或购买公司(少数情况除外),并获得土地或建筑物。资本的自由流动不受限制。[④] 通常只有在某些与国防或军备工厂有关的战略私有化公司方面,外国所有权是受限的。

某些服务活动(例如广播以及陆地电视广播)需要得到许可。《2003 年通信法案》对媒体所有权规则进一步放宽,并且英国电视和广播有可能为非欧洲经济区国家所持有,这是基于一般性竞争的考虑。

第二节 在英国做生意

在英国做生意有三种方式、方法或工具。第一种,许多个人作为独立的商人从事贸易,也就是说他们自己获得全部的收益并承担所有债务。当然,他们可以聘请他人为他们工作。个体经营者需遵守相关的雇佣以及税收方面的法律。个体经营者与雇员一样需要根据收入支付所得税。

第二种是与他人合伙的形式。合伙在 1890 年的《合伙法案中》(后文简称

---

① Dr. James Harrison, International Congress of Comparative Law, Washington Section, IV. A: "The Protection of Foreign Investment", United Kingdom Country Report (2010), http://www.law.ed.ac.uk/includes/remote_people_profile/remote_staff_profile? sq_content_src=%2BdXJsPWh0dHAlM0ElMkYlMkZ3d3cyLmxhdy51ZC5hYy51ayUyRmZpbGVfZG93bmxvYWQlMkZwdWJsaWNhdGlvbnMlMkYxXzYyOF91bml0ZWRraW5nZG9tcmVwb3J0b250aGVwcm90ZWN0aW9ub2Zmb3JlLnBkZiZhbGw9MQ%3D%3D (于 2016 年 12 月 14 日访问).

② See generally R Higgins "United Kingdom," in F Jacobs and S Roberts (eds.). The Effects of Treaties in Domestic Law (Sweet & Maxwell, London 1987).

③ Ibid.

④ Ibid.

《1890 年法案》)做出了定义。第 1(1)部分，合伙即具有共同利益的人开展贸易的人合关系。合伙存在的重要性在于合伙人可以共同投入更多的资本、技术或者商业知识。关于合伙的条款被列入协议中，该协议对合伙人的关系进行规定，通常指明各方的权利和义务。

如果在合伙人之间没有协定，《1890 年法案》规定了他们在利润分配、损失、管理和财产权利以及债务等方面的公平。

根据《1890 年法案》，一般合伙不能为合伙人提供有限责任。如果商业存在无法负担债务，那么需要每个合伙人的个人资产/财产用来支付合伙的债务。这种合伙在形式上并未经公职部门正式注册，不能成为一个单独的实体，其不同于第三种通过公共注册进而开展业务的有限责任公司或企业。

一般合伙的其他重要特征也在《1890 年法案》中有所体现，合伙人、合伙机构以及个人是代理关系。因此，每个合伙人都能够在交易过程中与外部人员/第三方进行有约束力的交易，例如供货方、银行等。这一权利存在于法律，无论在《合伙协议》中他们各自的权利受到怎样的约束，并且这一权利可使他们在侵权或背信时同样地承担个人责任。

每个合伙人对他的合伙人负有诚信义务，当有人违法义务将秘密的利益给予其他合伙人时，受损合伙人能够通过公平救济得到恢复。在现代社会，一般合伙是不太常见的经营方式。但是，它可以是个人(通常为注册公司)选择在所谓的合资企业中一起经营的方法之一。

在英国更为少见的是由协议形成的不同类型的合伙形式，但是同样需要根据《1979 年有限合伙法》(后文简称《有限合伙法》)的要求公开注册。在这一形式下，合伙关系并不向合伙的多数提供有限责任，而是作为一种投资管理工具进行使用(或者说十分类似于不动产投资信托公司)，因为有限合伙必须有至少一名合伙人负担无限责任(也就是说一旦有限合伙关系无法支付债务，那么他个人的全部资产都存在风险)，而其他合伙人(投资资金的人)的财产受到保护。但是，其他合伙人不能进入有限合伙业务的管理层，因为管理者的个人责任是无限的。

自 2000 年以来，英国的第三种伙伴关系已经在英国和其他许多司法管辖区一样得到了使用。这个新的工具根据《有限合伙法》被称为"有限责任合伙公司"。作为一个混合工具，其结合了传统的、一般合作伙伴的特征与公司法律概念或特征。它已成为法律、会计和建筑行业进行经营的主要工具，其他在内部事务和财务状况方面高度隐私的企业，则采用这种方法进行商业活动。在 2000 年立法之前，律师或会计师试图限制他们潜在的个人责任被认为是不专业的，但事实已经不是这样的了。如今，使用有限责任合伙意味着在有限责任公司无力偿还债务时，所有合伙人的个人资产、财富和财产都受到了保护。因此，这一工具在商业用途上的受欢迎程度是显而易见的。

在英国经营业务的第三种方法或工具是注册股份有限公司。这意味着，只有在无法偿还债务的情况下，出资人股东才承担责任。每个股东的个人资产都不受债务的影响。在英国建立一家公司，需要遵守《2006 年公司法》中规定的官僚程序。基本上，这需要向公司注册处登记指定的文件。目前，这主要是一种价格低廉且快速的在线应用程序（为申请人公司提供所选的名称，且名称与已进入注册公司的名称不相同或不过于相似）。登记的信息包括公司的名称、章程、公司办公室的名称和地址，以及公司职员的姓名。

注册公司可以是以下两种类型中的任何一种：(1)以其名称“有限公司”(Ltd)命名的股份有限公司；(2)上市公司名称为“Plc”后指定的公共有限责任公司。上市公司（通常在其他地区被称为公司），可以有两种类型：(1)上市公司（上市公司在伦敦证券交易所第一股市上市）；(2)未上市公司（不在交易所上市）。虽然两种类型的公司都被允许向公众出售股份，但实际上股份有限公司(Ltds)却没有这么做。对它们来说，这样做或试图这样做是一种犯罪行为。

《2005 年公司法》旨在对所有私人公司和上市公司进行监管，在整个立法过程中都有例外。例如，注册一家私人公司没有最低资本要求，而上市公司必须至少拥有 5 万英镑的资本。中小型企业免于年度披露其全部财务记录，而上市公司必须充分披露。注册公司成为法人，对于其股东来说是一个单独的实体，以及其股东承担有限责任，上述事实是此类基于商业目的的工具受欢迎的主要原因。从理论上讲，公司有权利和义务也有权力和特权，就像任何其他“人”一样，比如订立合同、雇佣员工和拥有自己的财产。

目前，在英国注册的私人公司大约有 300 万家，上市公司超过 2000 家。公司所得税（公司每年利润所得税）目前为 20%。此外，与总部在英国的跨国公司/母公司有关的其他税务特征包括：在某些情况下，从国内外子公司获得的股息税一般应按 20%或 100%的税率征税；在某些情况下，国内和国外资本收益应纳税 20%或者免税；除非适用避税规定，在境内或境外子公司的股票处置的资本损失是可扣除的；英国没有对公司缴纳的资本征税，英国也没有对公司征收任何财产税或最低税。

根据《2006 年公司法》的第 34 条以及《2009 年海外公司规定》第 4—7 条法规，一个设立英国公司的海外公司必须向注册机构提交文件和表格，包括此海外公司的详情，例如其法定形式以及其英国公司的详情等。[①] 另外，还必须包括公司章程的复印件和会计文件的复印件。尽管英国政府对外国投资者的准入没有普遍限制，但在某些情况下，英国政府有一些法定权力，可以阻止外国投资者收购英国公司。[②]

这些限制是由《1990年欧盟兼并条例》所强加的，该法规已经影响了欧盟对外国投资的政策，因为该规定详细规定了政府可以干预并购的标准。根据《1975年工业法案》第13条，当国务卿认为更改控制权将违反英国利益或违反英国主要部分的利益时，其有权禁止更改对重大制造业的控制或任何可能导致这种变更控制权的行为。[③] 控制权变更包含以下情形：一个不在英国居住的人获得公司的全部或部分控制权；一个不居住在英国的人可以在经营公司的法人团体中行使或控制至少30%的投票权；一个位于英国但被一个不居住在英国的人所控制的法人团体获得公司的全部或部分控制权。[④]

根据《2002年企业法》，修订为《2013年企业和管理改革法(ERRA)》，对英国的外国投资者施加的另一个限制是对"外商投资企业"的兼并进行控制。《2002年企业法》允许国务大臣将并购送交竞争及市场局(CMA)，2014年4月1日，基于并购引起了公众利益问题，包括国土安全以及金融系统稳定，该组织接管了公平贸易办公室(OFT)以及竞争委员会(CC)的竞争(和某些消费者)职能。[⑤]

---

① Gao, "Foreign Investment Laws and Policies Regulating Foreign Investment in 10 Countries" [February 2008] Report to the Honourable Richard Shelby, Committee on Banking, Housing, and Urban Affairs, U. S. Senate, 99, http://www.gao.gov/new.items/d08320.pdf.

② Chris Smylie, Gwen Souter and Kenneth Shand, "Doing business in the UK" Practical law [2014/2015], http://uk.practicallaw.com/5-500-5090.

③ Dr James Harrison, International Congress of Comparative Law, Washington Section, IV. A: The Protection of Foreign Investment, United Kingdom National Report (2010), http://www.law.ed.ac.uk/includes/remote_people_profile/remote_staff_profile? sq_content_src=%2BdXJsPWh0dHAlM0ElMkYlMkZ3d3cyLmxhdy5lZC5hYy51ayUyRmZpbGVfZG93bmxvYWQlMkZwdWJsaWNhdGlvbnMlMkYxXzYyOF91bml0ZWRraW5nZG9tcmVwb3J0b250aGVwcm90ZWN0aW9ub2Zmb3JlLnBkZiZhbGw9MQ%3D%3D 于2016年12月14日访问。

④ Ibid.

⑤ 更多信息参见 http://uk.practicallaw.com/0-500-7317。

第三节 英国优惠待遇措施

为了吸引外国投资者进入英国市场,政府有时会提供优惠待遇。[①] 外国投资者在英国的税收优势是一般性优惠待遇的一种。对资本利得税的豁免,以及对非英国借款设定利息的自由,这些都是最主要的例子。[②] 研究与开发(R&D)税收减免(或信贷)是另一个例子。这种形式的减税既可以减少公司的税收,也可以为中小企业提供现金,如果它是基于公司在研发(R&D)上的支出。[③] 有减免研发税收的目的,公司必须进行一个寻求科学或技术上进步的项目。[④] 需要能够说明技术的预期进步,并展示如何通过科学或技术的不确定性来实现这一目标。

并非所有可能被认为是在普通的会计或商业意义上的研发活动,都必然是为了税收目的而研发的。虽然会计意义定义开始于救济的目的,但它符合商业、创新和技能部(以前是贸易工业部)的指导方针。[⑤] 它声称有两个方案,根据公司或组织的大小:中小企业(SME)方案和大公司计划。然而,从 2015 年 4 月 1 日起,获得了 11%的合格研发支出。[⑥] 专利盒制度是另一个例子,从 2013 年 4 月 1 日起已逐步实施。最终,这使得公司可以选择将有效的 10%公司税税率,应用于符合资格的专利和其他一些创新的利润,无论是作为专利使用费,还是在产品销售价格中嵌入。[⑦]

英国提供的另一种税收优惠待遇称为非注册地公司。该计划适用于那些没有在英国定居的人,通常是因为他们不是在英国出生的。这一直是英国吸

---

① 更多信息参见 https://www2.deloitte.com/content/dam/Deloitte/global/Documents/Tax/dttl-tax-unitedkingdomguide-2015.pdf。

② Ibid.

③ 更多信息参见 http://www.hmrc.gov.uk/manuals/cirdmanual/cird80150.htm。

④ Ibid.

⑤ 更多信息参见 http://www.hmrc.gov.uk/manuals/cirdmanual/cird80150.htm,http://www.hmrc.gov.uk/manuals/cirdmanual/cird81900.htm。

⑥ 更多信息参见 https://www.gov.uk/guidance/corporation-tax-research-and-development-rd-relief。

⑦ Chris Smylie,Gwen Souter and Kenneth Shand,"Doing business in the UK" Practical law [2014/2015],http://uk.practicallaw.com/5-500-5090.

引外国投资者的重要组成部分。① 一个非定居的人不必为外国收入或收益缴纳税款(甚至进入英国的收入),如果他们获得了"外国工人豁免"。如果符合条件的,个人在境外工作的收入不超过 1 万英镑的,可以视为非定居人:他们的其他外国收入(如银行利息)低于 100 英镑;所有外国投资者的外国收入都要征收外国税(即使他们不需要支付,比如由于免税津贴);外国投资者在英国和外国的收入之和,在收入所得税基本比率的范围内。②

此外,英国还为外国投资者提供了与资本利得税相关的其他税收优惠待遇(这是对投资者在他/她处置资产时所获得的收益征税)。一名非英国居民的外国投资者通常不会对英国的资本利得税承担责任。然而,他/她可能对英国住宅地产销售所得的收益征收资本利得税。英国住宅地产收益在一段短暂的非居住期内实现[参见英国《法定居住测试》(RDR3)第 6 部分],再次出现在实际或被认为处置的资产中,该资产与行业、专业工作或职业有关,通过英国的一个分支或机构进行。③

然而,从 2015 年 4 月起,外国投资者将不得不支付他们持有的英国住宅地产的增值征税,而目前他们还没有这样做。此举将使这些海外投资者与英国类似的房东大致保持一致,并为财政部筹集资金。目前,英国公民和居民支付为出售一处不是他们主要住宅的房产所得利润的资本利得税。基本汇率纳税人支付利润的 18%,而高纳税人要掏腰包 28%,也就是说如买房地产时花费 100 万英镑,后来售价 200 万英镑——目前,海外投资者可以把这个利润免税,而有人在英国却面临高达 28 万英镑的税单。④

第四节 英国有关外国投资者的征收和补偿政策

保护外国投资者免受未补偿的征用——传统上,这是国际投资协议中发现的主要保障之一。然而,英国政府在 2008 年对北岩银行和布拉德福德-宾

---

① 更多信息参见 http://www.ft.com/cms/s/0/1fd89cde-8ce3-11e3-ad57-00144feab7de.html#axzz3tphI2kgo。

② 更多信息参见 https://www.gov.uk/tax-foreign-income/non-domiciled-residents。

③ 更多信息参见 https://www.gov.uk/government/uploads/system/uploads/attachment_data/file/464664/RDR1_FB15_updates_RB_and_CGT.pdf。

④ 更多信息参见 http://www.hwfisher.co.uk/publications/foreign-investors-to-be-hit-by-change-to-capital-gains-tax-on-uk-properties/。

利公司股份的国有化，引发了有关英国银行如何衡量非英国投资者的保护标准以及薪酬的重要问题。①

一般来说，根据两种不同的公式来征收征用补偿。

(1)赫尔公式：这提供了“及时、充足和有效”的补偿。② 这意味着：很快，以完全的市场价值和可兑换的货币进行补偿。

(2)卡尔沃学说：认为适当的措施应当基于国家的法律，即根据情况而占有财产的国家法律。

英国双边投资协定条约规定了英国在国际法方面的义务，限制了英国对外国投资者的待遇方式进行单方面裁决的能力，尤其是在国有化或征收的情况下。重要的是，英国决定以何种方式对待自己的公民。③ 由于英国历来都是一个资本输出国家，英国双边投资协定将以英国投资者受益于其中所包含的保护措施的方式进行谈判。英国政府利用赫尔公式，提供保护和补偿，作为补偿标准，即迅速、充足和有效地补偿在英国的部分。因此，适当补偿的概念一直受到争议，例如1975年的英国—新加坡 BIT 中，“适当”被描述为在征收或即将征收之前被征收的投资的市场价值成为公众知识。

---

① N Janen Calamita，“The British Bank Nationalizations：An International Law Perspective”(2009) 58 ICLQ 3.

② Krista Nadakavukaren Schefer，International investment law Cases，Text and materials (third edn，Edward Elgar：2013) 234.

③ N Janen Calamita，“英国银行国有化：国际法律视角”(2009) 58 ICLQ 3。

第三章　货币及银行体系与法律

第一节　外汇体系以及基金流通规则

在英国，没有外汇管制或汇率规定影响内向或外向投资、收入或资本的汇回、外汇账户的持有或货币的结算。① 没有货币因素影响汇出利润、股息、利息和特许权使用费，或许可、管理、设计、技术和专利费用。尽管如此，英国税务当局——英国税务和海关总署(HMRC)如果怀疑企业避税或逃税，可能会对流转水平提出质疑。然而，对于提供资金或处理被制裁的个人和实体的资产，有一些单独的限制(此类制裁可能是针对特定国家的，也可能涉及被认为与恐怖活动有关的个人和实体)。英国确实实行了严格的洗钱立法。任何涉及新客户的货币交易都要求业务处理该交易，以确定客户在许多情况下，涉及的资金来源和真实性。银行监控涉嫌洗钱的交易，而法律要求银行拥有一名洗钱报告官。当银行开户时，银行必须充分确认客户的身份，并进行超过 1.5 万欧元(或与其等值)的交易。

① Herbert Smith，"外国投资者投资英国的法律指南"(July 2012)<http://docplayer.net/4534668-A-legal-guide-to-investing-in-the-uk-for-foreign-investors.html>accessed 14 December 2016。

第二节　银行体系和银行运行的重要规则

近年来，英国通过实施各种国际、欧盟和英国具体措施，对银行及其集团的金融监管框架进行了重大改革，其中许多措施是为了应对2007—2009年的金融危机而出台的。在英国银行体系中引入的最重要的变化之一是解散了英国以前的主要金融监管机构[金融服务管理局(FSA)]，以及金融行为监管局(FCA)和审慎监管局(PRA)的创立。PRA和FCA的权力源自《2000年金融服务和市场法案》(FSMA)。PRA是所有英国吸收存款机构(即银行和建筑协会)、保险公司和某些大型投资公司的审慎监管机构。[①] 经授权的公司的经营行为还受到FCA的监管，因此这些公司被称为"双重监管"。在FSMA 2000的规定下，除非该活动是由FCA授权或免除授权，否则在英国开展"受监管活动"是一种刑事犯罪。FCA和PRA都发布了与获准个人预期行为有关的"原则声明"。[②] FCA批准的原则声明适用于所有人，而PRA仅允许发布与获准履行控制职能的个人预期行为相关的原则声明，以及发布与双重监管中FCA已批准履行重要职能的个人预期行为相关的原则声明。

在银行业务的基本规则方面，例如，从英国银行筹集资金的案例中，有许多规定为这些公司提供贷款工具。企业借款人使用的贷款工具有两种类型，即定期贷款和循环信贷。定期贷款指的是为企业借款人提供了一种特定期限内的资本额，即所谓的"期限"。一般企业用途的贷款期限一般不超过五年。[③] 另一种方法是循环信贷。在这里，借款人仍然提供了一种可以在指定期限内提供的资本总额。[④] 每一种预付款通常都是在一、三、六个月的短时间内借入，而在最后期限内，它是可偿还的。但是，如果借款人没有违约，就可以立即

---

① Andrew Bailey，"审慎监管局的银行监管方法"(Reference Book June 2014)<http://www.bankofengland.co.uk/publications/Documents/praapproach/bankingappr1603.pdf> accessed 14 December 2016。

② Ibid.

③ '商业贷款协议：小额信贷机构的技术指导'(Website 2006)<https://www.cgap.org/sites/default/files/CGAP-Technical-Guide-Commercial-Loan-Agreements-Oct-2006.pdf> accessed 14 December 2016。

④ Ibid.

重新获得预付款（"延期"）。承诺费用将由循环信贷基金支付，这通常是未抽出信贷的一部分。在循环信贷和定期贷款中，有一项贷款协议，其中包含不同的条款，如在贷款协议中借款人所做的陈述和保证。① 然而，在贷款协议中通常也有一项排除条款，该条款保护贷款人不受欺诈行为的限制。除了联合国、欧盟、美国实施的制裁和针对特定人群的制裁外，英国没有实施一般的贷款限制。

严格的规定适用于英国规范反洗钱制度的银行，旨在协助英国当局发现、破解和制止洗钱以及构成冲突的犯罪活动。② 它可分为三个要素：

（a）实体法，将参与洗钱活动的犯罪行为定为犯罪，在某些情况下，对涉嫌洗钱的行为承担责任，这适用于所有在英国的人；

（b）行政/合规要求，这要求企业有预防洗钱的制度和控制措施，适用于某些行业，包括金融部门，某些类型的专业服务公司和其他行业（下文简称"监管部门"）；

（c）金融行为监管机构（FCA）对金融部门授权公司施加的额外监管要求。③

然而，现在英国金融服务管理局提议，禁止银行从"国家储户优先受偿机制"的国家接受任何存款，除非它们能够做出其他安排，以保护其在英分行的储户（《本国存款人在非欧洲经济区成员国银行在英分行的优先受偿机制》，CP12/23，2012 年 9 月）。

"国家储户优先受偿机制"是为了保护英国索赔人免受某些非欧洲经济区公司的影响，即当公司破产时，本国储户享有优先于非本国储户的受偿权，包

---

① '商业贷款协议：小额信贷机构的技术指导'（Website 2006）＜https://www.cgap.org/sites/default/files/CGAP-Technical-Guide-Commercial-Loan-Agreements-Oct-2006.pdf＞ accessed 14 December 2016。

② "Is the UK's anti-money-laundering regime fatally flawed?" in Economia, an online journal, 24 September 2015, ＜http://economia.icaew.com/opinion/september-2015/debate-is-the-uks-antimoneylaundering-regime-fatally-flawed＞accessed 14 December 2016.

③ Susannah Cogman, John R Taylor and David McCuskey, "Anti-money Laundering Compliance for Law Firms" https://www.ark-group.com/sites/default/files/product-key-contents/ARK2309%20-%20Anti-Money%20Laundering%20Compliance%20for%20Law%20Firms_Part%20Report.pdf accessed 14 December 2016.

括英国分行储户。[1] 英国金融服务管理局要求实施国家储户优先受偿机制的非欧洲经济区国家的企业采取措施，以解决英国分行储户与本国储户之间主权债务问题的从属关系。FSA已经对银行流动性实施了新的要求。新制度的关键要素（将适用于英国的银行以及外国银行的英国分公司和子公司）包括：自给自足的原则和流动性资源的充足性；加强制度和控制要求，执行巴塞尔委员会关于健全流动性风险管理和监督的最新原则；定量需求，再加上流动资产的定义来满足这些要求；向金融服务管理局提供详细和经常性的报告。[2]

第三节　英国不同类型的银行

银行业的重点是多样的，所以需求也是多样的，方法也是不同的。因此，由不同类型的银行来迎合这种复杂性十分必要。例如，吸收存款的机构采用商业银行的形式，它们接受存款，并进行商业、房地产和其他贷款。[3] 英国其他类型的银行包括零售银行、投资银行、中央银行、商业银行和商人银行。

一、零售银行

零售银行业指的是向个人和小企业提供银行服务，而其中金融机构处理大量的低价值交易。这与批发银行业务形成了鲜明对比，后者客户规模庞大，往往是跨国公司、政府和政府企业，以及金融机构在少量高价值交易中的交易。例子包括储蓄银行、储蓄和贷款协会，以及定期存款和固定存款。产品和服务包括保险箱、支票和储蓄账户、存款凭证（CDs）、抵押贷款、个人、消费者

---

① FSA, "Addressing the implication of non-EU national depositor preference regime" (consultation paper September 2012), < http://www.bankofengland.co.uk/publications/Documents/other/pra/policy/2013/noneeanationaldepositorcp12-23.pdf>accessed 14 December 2016.

② FSA, "Addressing the implication of non-EU national depositor preference regime" (consultation paper September 2012), < http://www.bankofengland.co.uk/publications/Documents/other/pra/policy/2013/noneeanationaldepositorcp12-23.pdf>accessed 14 December 2016.

③ http://www.technofunc.com/index.php/domain-knowledge-2/banking-domain/item/type-of-banks.

和汽车贷款。[①]

零售银行业的三个基本特征是：多种产品（存款、信用卡、保险、投资和证券），多个分销渠道（呼叫中心、分支和互联网），以及多个客户群体（消费者、小型企业和公司）。[②] 零售银行业务的目标是为零售客户提供尽可能多的金融服务。一些零售银行甚至推行了投资服务，如财富管理、经纪账户、私人银行和退休计划等。[③]

二、投资银行

在英国，投资银行是另一种类型的银行。投资银行从诸如公司或富人等投资者那里获取资金，并在股票市场上购买股票。它们还分析了客户的金融市场，并为有收购之类需求的企业提供资金和建议，而这正是一家公司“收购”的地方。个人客户不能将钱存入类似于零售银行的投资银行，而投资银行是通过将客户利润的一部分用于投资，或向他们出售理财建议来赚钱。此外，一家投资银行的“市场”部门通过从一个客户那里购买金融资产，然后将其出售给另一个客户，通常情况下该资产会有很大的增长。[④] 投资银行帮助企业在金融市场中运行。如果一家企业想要上市或出售债务，它将使用一家投资银行。

三、中央银行

中央银行是印钞和制定货币政策的地方，货币政策处理影响着一国经济的通货膨胀和利率等方面。在英国，通常只有一家央行，比如英国央行，其对银行业进行监管。尽管个人或公司不能在央行开立账户，但中央银行是政府的资金，它有时可以把钱贷给其他可能陷入财务困境的银行。[⑤]

四、商业银行

它们关注的是商业客户。企业像个人一样需要支票和储蓄账户，但它们

---

① http://www.philica.com/display_article.php? article_id=381.

② Ibid.

③ http://www.technofunc.com/index.php/domain-knowledge-2/banking-domain/item/type-of-banks.

④ http://www.bbc.co.uk/news/business-11211776.

⑤ http://www.brightknowledge.org/knowledge-bank/business-and-finance/features-and-resources/different-types-of-bank-explained.

也需要更复杂的服务。它们可能需要接受来自客户的付款，且严重依赖信用额度来管理现金流，以及它们可能会用信用证在海外做生意。[1]

五、商人银行

传统的商人银行主要从事国际融资活动，如外国企业投资、外国房地产投资、贸易融资和国际交易便利化。纯商业银行所涉及的一些活动，可能包括签发信用证、在国际上转让资金、进行贸易咨询以及在涉及某种形式的贸易的项目中共同投资。商业银行仍然向它们的客户提供贸易融资产品。[2]这些银行根据特定的费用向客户提供顾问服务。它们还为并购企业和客户提供其他金融服务。商人银行是唯一一家将资金投入客户公司的金融机构。商人银行是那些拥有资本和需要资本的人之间的中介。为了帮助客户提供多种金融选择，商人银行在世界各地的许多国家开展业务。这样，客户就有机会调查不同的财务选择，以确保自身更好的增长。

第四节　商人银行服务的功能

这些银行有许多职能，其中最重要的是帮助客户公司从市场筹集资金，管理股票发行和债务，承销支持，定价和营销，股票交易所上市，分配和退款，提供文件登记。这些银行还为客户提供咨询服务，并收取费用。这些银行也有其他职责。它们是：

安全发行：这些银行服务的职能还包括发行不同类型的证券，如固定存款、股票、共同基金产品、商业票据和债务工具。

项目援助：这些银行通过帮助客户可视化项目的概念，并为项目报告提供支持，为客户提供的项目提供帮助。同时这些银行也对该项目的可行性进行了分析。

整体金融重建：商人银行服务为客户提供更好的财务选择和解决方案。它们帮助客户通过更廉价的资源来筹集资金。在其他金融机构的帮助下，这些银行也帮助解决了客户公司的危机。

---

① http://banking. about. com/od/businessbanking/a/typesofbanks. htm.

② http://www. investopedia. com/ask/answers/05/investmentbank_vs_merchantbank. asp.

提供关于风险管理的建议：这些银行执行的另一个重要职能包括及时提供风险管理建议。商业银行家对客户采用的不同策略提供建议。如今，商业银行服务还提供了许多其他服务，如贷款联合、信用接受、并购咨询、投资组合管理等。它们还帮助那些短期流动性资金的公司。[①]

第五节　通过银团贷款筹集资金的方法

通常情况下，当一个公司希望获得银行贷款时，一组银行会收集并提供所谓的“银团贷款”的资金。通常情况下，有一个牵头行或包销商，即所谓的“安排行”“代理行”或“牵头行”。这家银行可能会在贷款中占比例较大的份额，或者执行类似于在其他辛迪加成员和行政任务中分散现金流的职责。在大多数情况下，按照英国法律的规定，银行不对公司负有虚假陈述和注意义务。在“泰坦钢铁车轮有限公司”和“苏格兰皇家银行”(HC)案中，Justice Steel 先生认为，银行不应该对这些公司负有注意义务。由于这些公司的规模足够大，有足够的资源来发现借贷的风险，银行就不会为这些错误的表现承担责任：如苏格兰皇家银行(RBS)2010 年的 EWHC 1392 银行(RZB)和苏格兰皇家银行(RBS)。[②] 而且，UCTA 不适合这种安排，因为这些公司是拥有合理资源的跨国公司，而且银行排除它们的负债是合理的。

银团贷款分为三种。

(1)包销贷款

包销交易是欧洲适用性最广泛的银团贷款之一。在此种安排下，牵头代理行或包销商担保整个贷款。如果贷款没有被充分认购，牵头代理行可选择吸收认购不足的部分。然后，如果市场条件有利，相同的牵头代理行可以向其他投资者出售其所吸收的认购不足的部分。但是，如果市场看跌，牵头安排行可能会被迫以低价出售认购不足的部分。

(2)俱乐部贷款

此种银团贷款通常是位于 2500 万至 1.5 亿美元之间的较小额贷款。此种贷款独有的特征是，牵头代理行和俱乐部贷款的其他成员平等地或几乎平

① http://www.selfgrowth.com/articles/role-of-merchant-banking-services-in-our-economy.

② http://www.allenovery.com/publications/en-gb/Pages/Bank-not-liable-in-misrepresentation.aspx.

等地共享从贷款工具中所获得的费用。

(3)尽力辛迪加贷款

根据此种安排,牵头代理行不承诺或保证贷款的全部金额。任何未认购的部分都将通过利用市场条件的变化来填补。但是,如果贷款持续认购不足,借款人可能会被迫接受较低的贷款额度,或者贷款协议完全被取消。①

第六节　英国的银行监管制度

在北岩银行倒闭后,金融服务管理局(FSA)的权力被移交给金融行为监管局(FCA),该机构成为监管银行金融服务和保险的监管机构(《2012 年金融服务法案》第 18 条第 2 款第 4 项,修订了《2000 年金融服务和市场法》)。

就责任而言,《2012 年金融服务法案》未明确规定 FCA 是否拥有 FSA 的全部权力,或者在金融政策委员会(FCA)和审慎监管局(PRA)之间进行权力划分(参见《2012 年金融服务法案》第 4 部分,在《1998 年英格兰银行法》中插入了新的第 5 部分)。《2012 年金融服务法案》设立了金融政策委员会(FPC),该委员会是英国央行的一个"次级委员会"。该委员会有 13 名成员,其中 6 人是英格兰银行的职员,包括 1 名州长、4 名副行长和 1 名金融稳定执行董事。该委员会的 5 名成员是来自世行外的独立专家,并为他们在金融服务方面的经验和专业知识而选择。金融行为监管局的首席执行官也是 1 名成员。该委员会还包括 1 名来自英国财政部的无投票权成员。FPC 行使其权力,是为英格兰银行的金融稳定目标做出贡献。财政部可以向 FPC 提出建议:"FPC 的职责是支持女王陛下政府的经济政策,包括其增长和就业目标。"

① http://www.finweb.com/loans/the-3-types-of-syndicated-loans.html#axzz3y0AEa68W.

第四章　对外贸易制度及法律

第一节　许可证制度和程序

英国商业、创新和技能部(BIS)下属的出口管理组织(ECO)，负责评估战略物资的出口许可证，其中包括军用物资和广泛的“军民两用”货物(带有军事目的的民用物品)。

许可证对于进口和出口军民两用物资和技术、艺术品、植物和动物、药品是必需的。即使企业只是暂时出口或进口货物，也必须取得许可证，例如把样品拿去展览。①

军民两用技术和武器的进出口也受到限制。对技术和国防产品出口的限制不仅适用于武器或军事装备，它们也适用于为民用而设计但可用于军事用途的货物，通常被称为两用物品，如机床、计算机和海洋设备。此外，在第三国之间运送军事物资也有一些限制，即便不涉及英国。

贸易控制证书的种类如下。

(1)开放一般贸易管制证书(OGTCL)

OGTCL允许在英国军队名单上的大多数商品交易。OGTCL不能用于双用途商品的交易。OGTCLs覆盖了大约90%的许可情况。然而，如果不能满足使用OGTCL所需的条件，那么还有另外两种许可证需要考虑，即标准个

① https://www.gov.uk/guidance/export-and-import-licences-for-controlled-goods-and-trading-with-certain-countries.

人贸易出口管制证书(SITCL)和公开个人贸易管制证书(OITCL)。

(2)标准个人贸易出口管制证书

贸易商使用SITCL来支付一定数量的特定商品的交易。此许可证可用于一次性交易,并要求具体信息:原产国和目的地国发货人和收货人详情,最终用户详情。SITCL可用于双用途产品的贸易。通常情况下,SITCL的有效期为2年,或者直到交易完成。一旦许可证过期,如果需要进一步的交易,就必须申请新的应用程序。

(3)公开个人贸易管制证书

这是一种允许一系列活动的通用许可证,例如在任意数量的指定国家之间进行特定货物的交易。这种许可证不能用于双重用途的货物。OITCL还需要关于原产国、目的地国和/或指定的发货人、收货人和终端用户的具体信息。一般来说,OITCL的有效期为2年。①

第二节　英国政府对许可证需求的评估

所有出口许可证的申请都是根据具体情况对统一的欧盟和国家武器出口许可标准进行评估,并做出批准或拒绝的决定。

根据商品的性质,也可以考虑其他政策方面。例如,如果出口货物被纳入另一个系统、设备或工厂,那么这些项目也将根据英国公司的合并因素政策进行评估。②

统一的欧盟和国家武器出口许可标准规定了政府评估出口管制组织(ECO)授权的军用和两用货物的许可证申请的基础。“标准包括对拟议中的出口是否会进行考虑;违反英国的国际承诺(即违反武器禁运或制裁);用于内部镇压或滥用人权;在目的国挑起或者延长武装冲突或者加剧现有的紧张局势;对另一个国家积极使用;对英国或盟国的国家安全产生不利影响;在一个买方国家的行为引起人们对其对待恐怖主义态度或尊重国际法的态度不满的目的地;发展中国家在不利条件下转移或再出口,严重阻碍受援国的可持续发展。”③

---

① https://www.gov.uk/guidance/trade-control-licences-for-brokering.

② Ibid.

③ https://www.gov.uk/guidance/assessment-of-export-licence-applications-criteria-and-policy.

第三节　反倾销及补贴税方面的法律

在 HMRC 内，海关责任小组（进口/出口）负责执行添加/光盘（反倾销和反补贴）措施，并收集应交的关税。从欧盟以外进口的货物，根据货物的种类和原产地，可能受进口关税的影响。英国的反倾销条例源于欧盟的法规，这一规定源自欧盟委员会规定的《反倾销条例》384/96，取代了理事会的 1225/09（自 2010 年 11 月 1 日起生效）和《反补贴条例》2026/97，以及 597/2009（自 2009 年 7 月 8 日起生效）。[①]

投诉通常是由英国或欧洲的行业协会发起的，而不是个别公司。根据欧盟《反倾销条例》，为了调查是否存在反倾销情况，必须考虑以下标准：

（1）有关国家/国家的出口生产者确有倾销行为；

（2）对有关社区产业存在实质性损害；

（3）倾销行为与损害之间有因果关系；

（4）采取措施并不违背社区利益。[②]

反倾销和反补贴的程序如下：

必须对所提出的产品和当前的商品代码进行投诉，以确定其可分类的商品代码。[③] 申诉人将对进口产品的数量和价格提供证据，然后由欧盟委员会和咨询委员会进行调查，如果他们双方都同意，投诉是有效的，那么调查将开始进行。[④] 在这一投资结果的最后，将会引入临时的反倾销措施或者调查结束。如果一种产品被征收临时反倾销税，那么进口商就必须在相关的欧盟监管规定中支付临时反倾销税。[⑤] 然后，欧盟委员将会决定是否将临时措施上

---

① 英国政府，“介绍：法律法规”（政府网站，2016 年 4 月 12 日）＜https://www.gov.uk/hmrc-internal-manuals/anti-dumping-and-countervailing-duties/adcd01150＞ accessed 14 December 2016。

② http://ec.europa.eu/trade/policy/accessing-markets/trade-defence/actions-against-imports-into-the-eu/anti-dumping/index_en.htm https://www.gov.uk/guidance/anti-dumping-duty-to-protect-eu-businesses-against-cheap-imports.

③ https://www.gov.uk/hmrc-internal-manuals/anti-dumping-and-countervailing-duties/adcd01150.

④ Ibid.

⑤ Ibid.

升为决定性措施(即永久性措施),或宣布终止临时措施。如果是后者,进口商有权要求退还其所支付的临时反倾销税。申请还款的期限只有 6 个月。[①] 如果是确定的反倾销税,那么该贸易商将被要求支付反倾销税,直到该反倾销税被取消。

第四节　进口税

一旦从欧盟境外进口的商品进行了清关,它们通常在欧盟内部自由流通。这意味着它们可以在欧盟内进行交易,而不需要任何进一步的关税(除了烟草这类商品,它需要消费税)。

一些产品,如笔记本电脑、手机、数码相机和视频游戏机,都是免税的。然而,某些商品可能会根据生产国的要求承担额外的关税,例如,中国制造的自行车额外征收 48.5%的关税(反倾销税)。[②]

增值税率:进口商品到英国的标准增值税率为 20%。[③] 以某些产品为例,例如儿童汽车座椅,以 5%的折扣率来吸引增值税。有些商品完全免除增值税,例如书籍、儿童衣物和儿童鞋。增值税按货物的价值计算,加上国际运输费用和保险,加上任何进口关税。

最低门槛:在英国进口的最低门槛是低于关税和增值税的。如果离岸价值(即不包括运输和保险成本的货物价值)不超过 135 英镑,则不收取关税。如果离岸价格不超过 15 英镑,则不收取增值税。[④]

其他税收和海关费用:如烟草和酒的消费税。[⑤] 额外的海关费用可用于支付对进口货物进行任何必要的检查、验证和测试的费用。

---

① 英国政府,“介绍:法律法规”(政府网站,2016 年 4 月 12 日)<https://www.gov.uk/hmrc-internal-manuals/anti-dumping-and-countervailing-duties/adcd01150>accessed 14 December 2016。

② Pitney Bowes,“关税计算”(网站未注明日期)<http://www.dutycalculator.com/country-guides/Import-duty-taxes-when-importing-into-the-United-Kingdom/>accessed 14 December 2016。

③ Ibid.

④ Ibid.

⑤ https://www.gov.uk/tax-on-shopping/alcohol-tobacco.

第五节　出口申报

如果要将货物从欧盟运出，并打算永久出口这些货物，必须通过电子出口声明，这是 HMRC 海关处理进出口货物（主要）系统的一部分。[1] 特别的是，一份被称为 C88/ESS 的纸出口声明，可以用于旅客随身携带的行李或车辆（行李中的货物）所携带的商业货物。[2] 货物可以以直接或间接的方式出口到欧盟境外。间接出口即那些源于英国但从另一成员国出口的货物，它们必须附带出口随附单据（EAD）。

第六节　金融服务以及电信方面的规则

英国电信运营商必须在《2003 年通信法》规定的立法框架内运作。[3] 该法案于 2002 年实施了一套欧盟指令，旨在使欧盟的通信法规实现现代化和进一步协调。该法案废除了电信运营商为了提供电信网络和服务而持有执照的需要（除了频谱使用，还需要许可证，如移动运营商）。[4] 相反，该法案引入了一种自我认证机制，即经营者需要确保其符合一般条件，以便被允许从事商业活动。[5] 英国通信办公室发表了一份声明，确认了以下情况：

(1)提供与网络接入和服务互操作性有关的条件，包括谈判互连协议的要求；

(2)普遍服务条件；

(3)符合国家编号计划的要求；

(4)必须承担义务（网络用于广播信号的传输）；

---

① 英国政府，"出口报关的国家出口体系"（政府网站未注明日期）＜https://www.gov.uk/guidance/export-declarations-and-the-national-export-system-export-procedures＞accessed 14 December 2016。

② Ibid.

③ http://www.ictregulationtoolkit.org/en/toolkit/notes/PracticeNote/1221.

④ http://www.bcs.org/content/conWebDoc/18328.

⑤ Ibid.

(5)采用适用的技术标准；

(6)应急服务、操作员协助和目录查询设施的可用性；

(7)消费者保护措施，如已公布的合同、服务条款、准确的计费系统、行业规范的实施和纠纷解决程序；

(8)残疾消费者的特殊要求。①

英国通信办公室监管电信机构的业务活动。它定期对不同的经济市场进行市场评估(通常为每 3～4 年)，以确定某个特定的经营者是否处于主导地位，或者根据《通信法案》，是否拥有巨大的市场势力(SMP)。② 一个经营者在一个特定的经济市场中被认为是有 SMP 的，如果"单独或与他人联合，它就享有一个等同于支配地位的地位"，在这种情况下，"主导地位"被定义为"经济实力的地位，能够让人有能力在一定程度上独立于竞争对手、客户和最终消费者的行为"。③

额外义务将适用于有 SMP 的操作人员，如下：识别和定义相关的通信市场；检查这些市场；确定这些市场在多大程度上具有竞争力；识别任何决定有 SMP 的市场参与者；并设置适当的 SMP 条件。④

《2010 年数字经济法案》赋予英国办公室在管控非法档案共享等各个领域的额外责任。⑤

对电子通信网络和服务提供者("通信提供者")日常义务的规定是在 2003 年 7 月，由英国电信办公室采用一般情况下制定的(并随后被修改)。

《2006 年无线电报法》("WTA")为使用无线电频谱的服务和网络提供了授权和监管框架。⑥ 无线电报站的建立或运行需要许可证。电子通信网络和服务以及无线电频谱的使用都受到英国通信办公室的监管。英国通信办公室还与公平交易办公室就电子通信事务的公平竞争法有共同的管辖权，并且是电子通信的国家竞争权力机构。⑦ 电话支付+(Phonepay Plus)管理高级费率服务的内容和营销，包括目录查询服务。

---

① http://www.bcs.org/content/conWebDoc/18328.

② Ibid.

③ http://www.ictregulationtoolkit.org/en/toolkit/notes/PracticeNote/1221.

④ Ibid.

⑤ http://www.olswang.com/pdfs/intern_comp_legal_guide_telecomms_laws-regs_2012-uk.pdf.

⑥ Ibid.

⑦ Ibid.

除非使用无线电频谱涉及公共或私人土地，否则不得安装或操作电子通信网络或服务。为了使用无线电频谱，通信提供商必须根据《2006 年无线电报发》拥有许可证，尽管英国通信办公室也有权在免许可的基础上授权频谱使用。①

① http://www.olswang.com/pdfs/intern_comp_legal_guide_telecomms_laws-regs_2012-uk.pdf.

第五章 劳动管理及待遇相关的法律

第一节 强制性要求以及其他要求

在英国，工人有权享有一定的就业权利：

全国最低工资，防止非法工资扣除，法定最低带薪假期，法定最短休息时间，平均每周工作不超过48小时或选择退出这个权利，防止非法歧视，保护“举报者”，即在他们兼职工作受到不利待遇时，举报不法行为。①

一、国家最低工资

根据《1988年全国最低工资法》，包括家庭和工人在内的大多数工人都有权享受最低时薪。根据低工资委员会的建议，费率通常每年都会增加。从2005年10月起，22岁及以上的工人的最低工资标准是每小时5.05英镑；对于18到21岁的工人来说，是每小时4.25英镑。此外，16～17岁的工人的最低工资标准将是每小时3.00英镑。②

有些类别的工人不享有国家最低工资或国家生活工资，如经营自己的企业、公司董事、志愿者或志愿工作者、政府就业计划的工人，以及在宗教社区生

---

① “就业状况”（政府网站，未注明日期）<https://www.gov.uk/employment-status/worker>accessed 14 December 2016。

② Tim-Russell，“英国就业法指南”（未注明日期文章）<http://www.tim-russell.co.uk/upimages/employment%20guide.pdf>accessed 14 December 2016。

活和工作的工人。[①]

二、工作时间

《1998 年工作时间规定》规定，雇主必须采取一切合理的措施，确保工人每周工作的平均时间不超过 48 小时。雇主必须保持 2 年来的记录，以显示符合这些规定。[②] 然而，如果雇员签署了选择退出协议，雇主就不必遵循这条通则。

在这种方法下，工人可以根据书面协议选择每周 48 小时的限制。选择退出协议，必须给予劳动者解除 3 个月以上通知的权利。[③] 选择退出协议必须是自愿的，因为拒绝签署退出协议而受害或解雇工人是非法的。例如，要求有意向的雇员加入一项退出协议是不合法的，因为这是向他们提供一个职位的条件。雇主还必须采取一切合理的措施，确保夜班工人的正常工作时间在 17 周的参考期内平均不超过 8 小时。在他们开始夜间工作之前，夜班工人也必须获得免费健康评估的机会，并定期进行复查。[④] 如果注册的执业医师向雇主建议，一名工人正因与夜班工作有关的健康问题而受到损害，那么在允许的情况下，雇主应将其转至适当的日工。

三、休息时间以及工作时间中的间隙

在某些例外情况下，成年工人（即 18 岁以上的人）在 24 小时工作期间享有至少 11 个连续的休息时间。[⑤] 此外，成年工人通常有权享有每周至少 24 小时不间断的休息时间（这可能是由每 14 天内的两个至少 24 小时的周休息时间或一个至少 48 小时的休息时间组成）。年轻工人的最低周休息时间通常是 48 小时。此外，如果工作模式使得工人健康和安全面临危险，雇主就有责任为工人提供适当的工作休息，特别是因为单调工作或预先确定的工作效率。[⑥]

上述为雇员提供休息时间的要求适用于可以确定自己的工作时间的，或者其工作时间没有被预估或预定的工作人员（如管理人员）。此外，对于时间被部分预估或预定，但可能进行额外工作，且其额外工作的时间没有被预估或

---

① Tim-Russell，“英国就业法指南”（未注明日期文章）＜http://www.tim-russell.co.uk/upimages/employment%20guide.pdf＞accessed 14 December 2016。

② Ibid.

③ Ibid.

④ Ibid.

⑤ Ibid.

⑥ Ibid.

预定(例如自愿加班)的工人,48 小时的每周限额不适用于那些额外的工时。对于年轻雇员,雇主必须采取一切合理措施,确保年轻雇员(即 15 岁以上、18 岁以下)每天工作时间不超过 8 小时,或者每周工作时间不超过 40 小时。没有规定年轻雇员具有选择退出工作时常限额的权利。

第二节 养老金

在英国,养老金支付有两种不同的方案,即为雇员提供自动养老金,并使用可领养老金。

一、自动注册

根据这个计划,雇主必须支付最低缴纳额。如果雇主不支付全部的最低工资,员工将需要弥补其中的差额。[①] 同时,政府将通过对员工的缴款给予税收减免来帮助员工。该计划的最低缴纳额通常是基于员工的"资格收入"。[②] 这些是雇员的收入,在所得税和国家保险缴纳之前,这是由政府设定的一个较低的收入上限。就业收入可以包括工资、佣金和奖金。[③]

如果雇主决定只支付最低工资,那么缴费养老金就会按照以下的方式计算:在 2018 年 4 月 6 日之前,雇主支付的工资为 1.0%,到 2019 年 4 月 6 日,升至 2.0%,然后升至 3.0%。[④] 在 2018 年 4 月 6 日之前,该员工将支付员工资格收益的 0.8%,直到 2019 年 4 月 6 日之前,这一比例升至 2.4%,随后升至 4.0%。政府增加了税收减免员工资格收益的 0.2%,直到 2018 年 4 月 6 日升至 0.6%,再到 2019 年 4 月 6 日升至 1.0%。这导致总缴费率为员工资格收益的 2.0%,到 2018 年 4 月 6 日升至 5.0%,再到 2019 年 4 月 6 日升至 8.0%。[⑤]

二、采用可领取养老金支付

雇主可以选择为雇员的退休金支付基础的,而不是符合资格的收入。这

① (政府养老金咨询网站 2016)<http://www.pensionsadvisoryservice.org.uk/about-pensions/pensions-basics/automatic-enrolment/how-much-do-i-and-my-employer-have-to-pay>accessed 14 December 2016.

② Ibid.

③ Ibid.

④ Ibid.

⑤ Ibid.

很可能是雇主在引入自动登记之前提供了一个工作场所养老金计划的情况。一般来说，养老金领的是基本工资，不包括员工的收入，如佣金、奖金和加班费。[①] 如果雇主决定使用可领退休金而不是符合资格的收入，雇主必须满足以下三种的养老金计划中的一种。

第一种：

根据基本工资做出的缴费是：在 2018 年 4 月 6 日之前，雇主只支付员工工资的 2.0%，到 2019 年 4 月 6 日升至 3.0%，然后升至 4.0%。员工支付基本工资的 0.8%，到 2018 年 4 月 6 日升至 2.4%，再到 2019 年 4 月 6 日升至 4.0%。政府提高了员工基本工资 0.2%的税收减免，到 2018 年 4 月 6 日升至 0.6%，2019 年 4 月 6 日升至 1.0%。因此总缴费率为基本工资的 3.0%，到 2018 年 4 月 6 日升至 6.0%，再到 2019 年 4 月 6 日升至 9.0%。

第二种：

在基本工资基础上，所有计划成员的基本工资加在一起，至少等于税前收入的 85%。在 2018 年 4 月 6 日之前，雇主将支付员工基本工资的 1.0%，直到 2019 年 4 月 6 日升至 2.0%，然后升至 3.0%。在 2018 年 4 月 6 日之前，该员工支付基本工资的 0.8%，直到 2019 年 4 月 6 日升至 2.4%，然后升至 4.0%。政府在 2018 年 4 月 6 日之前将员工基本工资的 0.2%提高至 0.6%，直到 2019 年 4 月 6 日才升至 1.0%，然后升至 8.0%。[②]

第三种：

雇主支付员工工资的 1.0%，直到 2018 年 4 月 6 日，升至 2.0%，然后于 2019 年 4 月 6 日升至 3.0%。员工支付的收入占总收入的 0.8%，到 2018 年 4 月 6 日升至 2.4%，2019 年 4 月 6 日升至 3.2%。政府提高了员工总收入 0.2%的税收减免，到 2018 年 4 月 6 日升至 0.6%，2019 年 4 月 6 日升至 0.8%。总缴费率为员工总收入的 2.0%，到 2018 年 4 月 6 日升至 5.0%，再到 2019 年 4 月 6 日升至 7.0%。[③]

---

① （政府养老金咨询网站 2016）<http://www.pensionsadvisoryservice.org.uk/about-pensions/pensions-basics/automatic-enrolment/how-much-do-i-and-my-employer-have-to-pay>accessed 14 December 2016.

② Ibid.

③ （政府养老金咨询网站 2016）<http://www.pensionsadvisoryservice.org.uk/about-pensions/pensions-basics/automatic-enrolment/how-much-do-i-and-my-employer-have-to-pay>accessed 14 December 2016.

第三节　产假及陪产假

如果员工想要生育，有一些特殊的规定可以适用于她在这期间的工作时间和支付方式。[①] 法定产假是52周，由普通的26周产假和额外的26周产假组成。没有要求员工一定要花52周的时间，但必须在宝宝出生后休假2周（如果在工厂工作，则需要4周）。[②]

通常情况下，产假最早可以在预计的分娩周内前11周开始。[③] 在分娩后的第1天，若员工早于分娩周4周因分娩病症请假且婴儿早产，则产假始于婴儿出生后的第2天。在52周的产假中，39周是有薪水的，其中前6周为平均周收入的90%（税前），后33周为每周139.58英镑或平均周收入的90%（以较低者为准），产假薪资与工资支付方式一样（例如月付或周付）。[④]

根据英国的《就业法》，(1)期望对孩子的成长负责的员工；(2)是生父或母亲的丈夫或伴侣；(3)在孩子出生之前的第15周已经完成了26周的服务，他们有权享受2周的陪产假。[⑤] 陪产假必须在分娩之日的56天内完成（或者，如果孩子早出生，在EWC的56天内）。[⑥] 雇员的收入超过了每周的国家保险缴费限额（目前为每周79英镑），他们有权享受法定陪产工资（SPP），这将与普通的法定产假工资相同。法定每周陪产薪资为139.58英镑或者每周平均收入的90%（以较低者为准）。税收和国家保险将被扣除。[⑦]

---

① 英国政府，“产假与工资”＜https://www.gov.uk/maternity-pay-leave/overview＞ accessed 14 December 2016。

② Ibid.

③ Tim-Russell，“英国就业法指南”＜http://www.tim-russell.co.uk/upimages/employment%20guide.pdf＞accessed 14 December 2016。

④ Ibid.

⑤ 英国政府，“陪产假与工资”＜https://www.gov.uk/paternity-pay-leave/overview＞ accessed 14 December 2016。

⑥ Ibid.

⑦ Tim-Russell，“英国就业法指南”＜http://www.tim-russell.co.uk/upimages/employment%20guide.pdf＞accessed 14 December 2016。

第四节　弹性工作

如果该雇员有 6 岁以下的儿童,或者 18 岁以下的残疾儿童,可以要求灵活地工作。[1] 对那些连续工作了 26 周的人,以及对孩子的成长负有责任的人来说,这个权利是可以得到的。员工可以要求更改工作时长或工作次数,也可以要求他们在家工作。[2]

申请弹性工作的程序如下:为了使员工能够照顾孩子,必须进行申请。[3] 1 名员工每年只能申请 1 次,申请必须在孩子 6 岁生日 2 周之前进行(或者,如果孩子为残疾人,则为其 18 岁生日 2 周之前进行)。员工必须首先向雇主提出书面申请,然后在 28 天内安排一次会议。[4] 雇主必须在会议的 14 天内给员工写信,要么同意新的工作安排,要么提出明确的商业理由,解释为什么申请不能被接受。

第五节　纪律及申诉程序

咨询、调解和仲裁服务(ACAS)的纪律和申诉程序行为守则,旨在就如何处理纪律和申诉问题提供切实的指导。[5] 此行为守则不具有法律约束力,而且违反它也不会让雇主承担法律诉讼的责任。但是,该守则的规定是可接受的,如果与任何诉讼程序有关,则可以纳入法律考虑。[6]

该守则建议所有雇主都应制定纪律规则,并制定处理纪律问题的程序。[7]

---

① Tim-Russell,"英国就业法指南"<http://www.tim-russell.co.uk/upimages/employment%20guide.pdf>accessed 14 December 2016。

② Ibid.

③ https://www.gov.uk/guidance/export-and-import-licences-for-controlled-goods-and-trading-with-certain-countries.

④ Ibid.

⑤ 咨询、调解和仲裁服务(ACAS),"纪律和申诉程序"(政府网站,2009 年 4 月)<http://www.acas.org.uk/media/pdf/k/b/Acas_Code_of_Practice_1_on_disciplinary_and_grievance_procedures-accessible-version-Jul-2012.pdf>accessed 14 December 2016。

⑥ Ibid.

⑦ Ibid.

纪律处分程序应允许员工在任何纪律听证会之前对他们的指控进行详细的说明，并在做出决定前给予他们机会，对指控和证据提出质疑。[①] 该守则还建议，对于任何决定，员工都应享有上诉的权利。

根据规定，雇员有权在被要求或被邀请参加某些纪律或申诉听证会时，由其选择的同事陪同，或由工会官员陪同。然而，这种权利并不适用于纯粹的调查会议。即使雇主不承认工会为集体所谈判的目的，也可能会有工会官员陪同。

从 2004 年 10 月 1 日起，所有的雇主和雇员都必须遵守法定解雇和纪律程序(SDDPs)和申诉程序(SGPs)。[②]《2002 年就业法案》详细描述了标准和修改的 SDDPs 和 SGPs。《2002 年就业法案》(争端解决)条例和 2004 年 SDDP 要求雇主：(1)给员工一个陈述理由的行动，邀请员工参加会议；(2)通知员工开会的结果和上诉的权利；(3)在雇员通知雇主希望上诉时，举行上诉会议。[③] 经修订的 SDDP 适用于有限类别的严重不当行为案件，要求雇主以书面形式指出所指控的不当行为：雇主认为雇员有罪的原因以及上诉权利。上诉权利也适用于经修订的 SDDP。[④]

此外，SGP 要求：(1)员工以书面形式提出申诉；(2)雇主邀请员工参加会议；(3)在雇员通知雇主希望上诉时，举行上诉会议。根据修订的 SGP，它适用于雇员不再受雇的某些情况：(i)雇员必须同时提出申诉和理由；(ii)雇主必须以书面形式做出答复。[⑤]

如果雇主解雇雇员但适用的 SDDP 或 SGP 尚未完成(雇主过错)，雇主未能遵守适用的 SDDP 或 SGP，则解雇自动被视为不公平。[⑥]《2002 年就业法案》设想，SDDPs 和 SGPs 将被纳入所有的合同中，而雇主如果不遵守这些要求，也将被视为违反合同。[⑦] 但是，这一条款尚未实施。

---

① 咨询、调解和仲裁服务(ACAS)，“纪律和申诉程序”＜http://www.acas.org.uk/media/pdf/k/b/Acas_Code_of_Practice_1_on_disciplinary_and_grievance_procedures-accessible-version-Jul-2012.pdf＞accessed 14 December 2016。

② 咨询、调解和仲裁服务(ACAS)，“纪律和申诉程序”＜http://www.acas.org.uk/media/pdf/l/p/CP01_1.pdf＞accessed 14 December 2016。

③ Ibid.

④ Ibid.

⑤ Tim-Russell，“英国就业法指南”＜http://www.tim-russell.co.uk/upimages/employment%20guide.pdf＞accessed 14 December 2016。

⑥ Ibid.

⑦ Ibid.

员工未能遵守适用的SDPP或SGP：除非雇员遵守了适用的SGP的第一步，否则他们将无法带来任何广泛的就业索赔。如果适用的SDDP或SGP没有在雇员的过错上完成，那么法庭将不得不减少任何补偿性的赔偿，以与上面所述任何增加的裁决相同的方式进行评估。[①]

第六节　事故及伤亡赔偿

在英国没有工人的补偿计划。[②] 一个员工可以支付永久健康保险或私人医疗计划，但是英国政府不承认需要一个严格的保险计划。[③] 英国的工作相关安全问题由健康与安全执行机构（HSE）监管，该机构提供了雇主和雇员能够遵守的法定规则和规章的框架。[④]

除下列规定外，所有雇主均应根据《1969年雇主责任（强制保险）法》，购买强制雇主责任保险。目前所要求的最低赔偿限额为500万英镑/次。市场惯例通常为最少1000万英镑，对于某些风险内部，限额为500万英镑，比如石油钻塔工人和恐怖主义行为。

这些雇主不要求雇主责任强制保险：

(1)地方当局（除了教区委员会）；

(2)联合委员会或委员会成员包括地方当局成员；

(3)警察当局；

(4)国有化的产业或它们的子公司；

(5)由公共资金资助的某些机构；

(6)在海上设施、船舶或气垫船上的雇主，如果他们被保险公司所覆盖；

(7)卫生服务机构或公立医院。[⑤]

---

① Tim-Russell，“英国就业法指南”<http://www.tim-russell.co.uk/upimages/employment%20guide.pdf>accessed 14 December 2016。

② 咨询、调解和仲裁服务（ACAS），“纪律和申诉程序”<http://www.acas.org.uk/media/pdf/o/q/H02_1.pdf>accessed 14 December 2016。

③ Ibid.

④ Ibid.

⑤ 维基百科，“员工补偿”<https://en.wikipedia.org/wiki/Workers%27_compensation#United_Kingdom>accessed 14 December 2016。

第六章　基础设施建设相关法律

英吉利海峡隧道于1987年动工，是英国首个私人资助的交通项目。[①]此外，英国还计划在泰恩河上建立一个新的“建设—经营—转让模式”（BOT）模式下的隧道。英国政府于1993年引入了“设计—建设—融资—经营”（DBFO）合同，这与BOT类似。[②] 然而，不同的是，这并不是一个让步，因为运营公司不能直接向用户收取费用。影子收费模式要求政府向收费运营商支付一定的费用，这是由于英国政府希望推动收费公路运营的发展。DBFO的好处之一是将风险从纳税人转移到私营部门，并向纳税人提供其资金的价值，因为在这种情况下，只有客户满意，私营部门才会得到报酬。[③]这背后的原因是，私人公司根据道路上行驶的车辆公里数，以影子通行费的形式获得政府的报酬。

DBFO公司需要承担整个设计过程的全部责任，并承担所采用的整个设计的责任。[④] 这一责任延伸在整个30年期的合同期限中，且整个生命周期的成本因素都是DBFO公司的责任。DBFO合同根据《1991年公共工程合同规定》（SI 1991/2680）中适用于公共工程合同的谈判程序而被授予，此规定实施

---

① 香港立法委员会秘书处，“在选定地点开发交通基础设施的建设—经营—转让模式及其变体模式”<http://www.legco.gov.hk/yr05-06/english/sec/library/0506in13e.pdf>accessed 14 December 2016。

② Ibid.

③ Ibid.

④ Steve Nicholson, of the Highways Agency，“在合伙企业工作：英国的设计—建设—融资—经营模式”。可以从以下链接下载：http://abstracts.aetransport.org/paper/index/id/384/confid/2。

了《欧盟公共工程指令》(93/37/EEC)。[①] 谈判过程为探索招标人的建议和风险的分配提供了灵活性。通常,四个财团被邀请为每一个 DBFO 项目进行投标。该机构的目标是在评估投标的基础上,尽快确定候选名单,最好是两名候选人。然后,竞争进入了一个阶段,即从那些入围名单中获得最佳的和最终的报价,这为选择优先竞标人提供了依据。最终进行合同谈判,包括财务承诺,然后就会被授予一个 DBFO 合同。[②]

在英国,使用的标准格式合同有很多种。最常见的是标准建筑合同以及设计和建造合同。这些都在 2011 年进行了最后一次更新,并且倾向适用于标准建设项目。

第一节　所涉风险以及风险控制

当然,每个项目都存在风险,并且有不同的方式来分散这些风险。在英国,如果合同是自由协商的,它就包含了条款的排除。但是,承包商不能排除其对死亡或人身伤害的责任(根据法令),或欺诈的虚假陈述(作为公共政策的问题)。如果合同是按照标准条款达成的,任何责任限制都必须满足法定的"合理性"的法定检验标准。

第二节　英国政府参与的基础设施

2015 年 11 月 11 日,基础设施英国(IUK)和主要项目管理局(MPA)合并创建了基础设施和项目管理局。[③] 新组织结合了政府在这些项目的融资、交付和担保方面的专业知识,这些项目包括从高铁和泰晤士隧道等大型基础设

---

① Steve Nicholson,of the Highways Agency,"在合伙企业工作:英国的设计—建设—融资—经营模式"。可以从以下链接下载:http://abstracts. aetransport. org/paper/index/id/384/confid/2。

② Ibid.

③ 英国政府,"政府创建新的机构来帮助管理和交付英国经济的主要项目"<https://www. gov. uk/government/news/government-creates-new-body-to-help-manage-and-deliver-major-projects-for-uk-economy>accessed 14 December 2016。

施项目到环球信贷等大型转型项目。[1]

尽管很明显，新的国际规则将阻碍私人投资，但不可否认的是，英国政府在设计工具方面取得了巨大进步：鼓励私人投资基础设施，并克服国际监管规定的障碍。[2]

第三节 政府参与基础设施建设

自 1979 年以来，英国政府对基础设施投资的控制大幅减少，其中最引人注目的是电信、天然气、机场、水、电和铁路的私有化。在政策和组织层面，英国已寻求改善其关键项目的管理和交付，并对项目给予了更直接的支持。例子包括资助，提供公共资产以促进项目（例如免费获得公有土地），收入补贴（比如可再生能源领域可获得的补助），公私合营模式下交通的最低运输量，公私合营模式下学生住宿的最低租金，作为股权或债务的公共共同投资以及政府担保。[3]

近年来，英国政府已制定了多项措施，以支持该国基础设施投资。[4] 英国担保计划和创建绿色投资银行是这些措施的两个关键例子。绿色投资银行成立于 2012 年，目的是支持商业项目的绿色项目，并帮助在英国建立新的、现代化的绿色基础设施。[5] 绿色投资银行参与项目也吸引了私人部门的投资。政府作为唯一的股东，已承诺投资 38 亿英镑。绿色投资银行是一种有用的政府支持形式，为英国基础设施项目提供债务和资金来源。

根据英国担保计划，财政部将帮助广泛的绿地建设项目，以及对现有基础设施资产进行收购、改造、改进、运营和维修。[6] 政府的支持以无条件的、不可

---

① 英国政府，“政府创建新的机构来帮助管理和交付英国经济的主要项目”＜https://www.gov.uk/government/news/government-creates-new-body-to-help-manage-and-deliver-major-projects-for-uk-economy＞accessed 14 December 2016。

② 英国政府，“政府创建新的机构来帮助管理和交付英国经济的主要项目”＜https://www.gov.uk/government/news/government-creates-new-body-to-help-manage-and-deliver-major-projects-for-uk-economy＞accessed 14 December 2016。

③ Ashrst，“英国基础设施：政府支持的创新”＜http://www.ashurst.com/financehub/uk-infrastructure-innovations-in-government-support/＞accessed 14 December 2016。

④ Ibid.

⑤ Ibid.

⑥ Ibid.

撤销的方式提供了对相关贷款方或投资者无条件的、可撤销的财务担保,并代表借款方为该项目提供担保。该方案适用于一系列金融结构和项目结构的灵活性是其主要优势之一。该计划是为了应对全球金融危机中基础设施项目所面临的不良信贷状况而实施的。① 研究还发现,约 18% 的基础设施资产是政府所有,31% 是私人所有,42% 是英国和外国上市公司所有。

英国工业环境局局长尼尔本特利博士表示:"这份报告证实了私营部门投资在英国基础设施融资中的关键作用。"②"还需要 5000 亿英镑的私营部门投资以更新和维护我们的基础设施,政府就需要推进计划,加快规划体系,并为全球投资者提供确定性的政策。"③

在这种情况下,该计划通常是帮助项目获得融资和获得进展的有效工具。然而,该计划并没有为获得高风险项目资金的投资者提供支持。美国财政部将削减 10 亿英镑用于发电站的碳捕捉和储存计划。④ 政府还提供其他方法为基础设施提供支持,在英国财政部和重大项目管理局内设立基础设施专项基金,支持涉及公共部门资本的重大基础设施项目,如:"国家重大基础设施项目"审批规划许可框架,旨在加快规划过程;还有养老金基础设施平台(它是一个独立的基础设施投资顾问),旨在鼓励和促进英国养老基金投资英国基础设施。⑤

国家重大基础设施项目(NSIPs)是 2008 年规划法引入的。NSIPs 通常是大规模的发展(涉及能源、交通、水或废物),这需要一种被称为"开发同意"的同意类型。2013 年,该计划的延伸允许某些商业和商业项目选择进入这一过程。开发同意令(DCO)自动地取消了获得多个单独许可的需要,包括规划许可,并且被设计成一个比单独申请程序要快得多的过程。⑥ 最近,NSIP 计划

---

① Ashrst,"英国基础设施:政府支持的创新"＜http://www.ashurst.com/financehub/uk-infrastructure-innovations-in-government-support/＞accessed 14 December 2016。

② "英国三分之一的基础设施为外国人所持有"(晚间标准新闻,2010 年 12 月 3 日)＜http://www.standard.co.uk/business/third-of-britains-infrastructure-has-foreign-owners-6543330.html＞accessed 14 December 2016。

③ Ibid.

④ "监管机构表示,英国财政部耗资 300 亿英镑进行碳捕获"(2015 年 7 月 20 日《卫报》新闻)＜https://www.theguardian.com/environment/2016/jul/20/treasury-cut-carbon-capture-storage-cost-uk-30bn＞accessed 14 December 2016。

⑤ Ibid.

⑥ Tim-Russell,"英国就业法指南"＜http://www.tim-russell.co.uk/upimages/employment%20guide.pdf＞accessed 14 December 2016。

已被修改，以反映 2015 年基础设施法案对审查机构的任命时间所做的修改。计划规定了两人专家小组，并修改了开发许可令的变更和撤销程序。① 基础设施规划（陆上风力发电站）令自 2016 年 3 月 5 日起将从 NSIP 机制中移除 50 兆瓦以上的陆上风电场。② 进一步的变化包括：《2016 年住房和规划法案》为同意与申请 NSIP 相关的住房规定了开发同意令。该法案还将允许在没有功能链接的住房上获得批准，但在住房和 NSIP 之间有一个紧密的地理联系。

第四节　外国参与的限制

英国的商业市场和基础设施对外国投资开放。英国已积极寻求外国投资，为其发展规划和战略提供资金。其结果是，英国大部分的核心交通、公用事业和战略基础设施现在都由国际公司或主权基金所有，其方式在这一代人以前是不可想象的。在 2006 年一份极具影响力的报告中，德勤（Eloitte）将英国的基础设施融资模式作为一种创新的全球“开拓者”，展示了英国基础设施的融资模式。它声称，英国已经进入了政府与公共部门政策设计合作的“高级阶段”，并且可以被那些“PPP 模式后来者”的国家当作一个榜样。③ 英国的“froing”（这个词在这个语境中不知道是什么意思，相关介绍也查不出来）政策是，投资者必须不受任何政府干预。在这些改革中，对空间发展政策的核心控制已经从 DCLG 和 Defra 等政府部门转移到财政部和内阁办公室。这反映了英国政府内部权力的重新集中，以及核心优先事项的转移。目前的政策主要是建立基础设施，以支持竞争力和经济增长。④

在英国脱欧公投后，这些争论更像是一个问题。与此同时，英国正面临着一段政治不稳定的时期。⑤ 2016 年英国退欧公投中，脱欧投票的影响可能会威胁到投资者的信心。安永（Ernst & Young）对 FDI 机构的吸引力调查显

---

① 议会，“规划国家重大基础设施项目”（政府文件，2016 年 7 月 12 日）＜http://researchbriefings.parliament.uk/ResearchBriefing/Summary/SN06881＞accessed。

② Ibid.

③ “英国对外国所有权的成本和收益的看法”＜http://www.regionalstudies.org/uploads/documents/Britain-for-sale.pdf＞accessed 14 December 2016。

④ Ibid.

⑤ Ibid.

示，许多人对英国脱欧可能造成的破坏感到担忧。[①]

史密斯研究所的报告显示，外国在住房、交通和能源方面的投资可能会填补资金缺口，但从长期来看，这可能会带来更大的代价和风险。因为安永的报告显示，海外投资者支持的项目数量创下了历史新高。[②] 英国公平贸易办公室(OFT)基础设施小组的高级主管希瑟克莱顿表示：“这一股票首次在一起汇集了谁拥有英国经济基础设施的信息。当我们可能考虑在基础设施领域进行干预时，它为企业和投资者提供了清晰度和更大的确定性。除此之外，我们的报告应该对政府和其他负责确保有竞争力的基础设施以促进经济增长的机构有更大的利益。”[③]

---

① “英国退欧的恐惧打击了外国直接投资”，英国金融时报，2016 年 5 月 24 日<http://www.ft.com/cms/s/0/57f47150-20e4-11e6-aa98-db1e01fabc0c.html#axzz4LIoAgFeh> accessed 14 December 2016。

② “智库表示，过多依赖外国投资”(2016 年 5 月 24 日)<http://www.infrastructure-intelligence.com/article/may-2016/too-much-reliance-foreign-investment-says-think-tank>accessed 14 December 2016。

③ Wired Gov，“公平贸易办公室(OFT)发布基础设施所有权和控制权的股票”<http://www.wired-gov.net/wg/wg-news-1.nsf/0/7377B40B877B1CF3802577F100408892?OpenDocument>accessed 14 December 2016。

第七章　环境法

环境政策的作用是管理环境资源的供应和使用，以便为当前和未来的几代人创造繁荣和福祉。[①] 为了实现这一目标，需要政府干预的原因有很多。[②] 特别是，供应和使用自然资源方面的市场失灵意味着，在政府不干预的情况下，自然资产会被过度使用。市场失灵是由投资者的外部资源利用对其他人造成的影响而产生的。英国已制定了环境法并提供了政策工具，以尽力减少可能的环境破坏，从而促进经济可持续增长。[③]

英国的环境法和政策受到欧盟的严重影响。在英国，有许多政策工具主要是由欧盟的指令和气候变化等规章制度所引入的。

第一节　气候变化

欧盟碳排放交易机制（EU ETS）是应对国际气候变化的一个关键方法。[④] 它限制了某些经济部门的碳排放量，从而间接地为这些碳排放定价。该计划

---

① Tim Everett，Mallika Ishwaran，Gian Paolo Ansaloni and Alex Rubin，"经济增长与环境"（2010 年 3 月）＜https://www.gov.uk/government/uploads/system/uploads/attachment_data/file/69195/pb13390-economic-growth-100305.pdf＞accessed 14 December 2016。

② Ibid.

③ Ibid.

④ Tim Laing，Misato Sato，Michael Grubb and Claudia Comberti，"评估欧盟排放交易体系的有效性"（2013 年 1 月）＜http://www.lse.ac.uk/GranthamInstitute/wp-content/uploads/2014/02/WP106-effectiveness-eu-emissions-trading-system.pdf＞accessed 14 December 2016。

内的公司被允许进行排放配额交易,从而在最便宜的地方进行减排。[1] 欧盟碳排放交易委员会的工作是基于"限额和交易"基础上的,因此,在该体系所覆盖的所有参与者所允许的温室气体排放总量,有一个"上限"或限制,而这一上限被转换为可交易的排放配额。[2] 目前的碳排放上限预计每年将下降1.74%,以实现2020年比2005年降低21%的减排目标。2011年6月,补贴的价格在16欧元左右。许可证交易每年价值约1500亿美元,使其他排放交易计划相形见绌(联合国建立的清洁发展机制市场每年价值15亿美元)。[3] 该计划将包括所有金属(包括铝)的生产。对某些部门来说,除二氧化碳外,还将包括其他温室气体的排放。该计划已被扩展至覆盖空气污染和减少船舶排放。这一措施使用了国际海事组织(IMO)研究中的潜在情景之一,来模拟减少船舶氮氧化物(NOx)和二氧化硫(SO_2)排放的影响。[4]人们发现,船舶的排放对二级粒子的形成有重要影响,因此对英国的PM10水平也有很大的影响。这一措施的重点是减少船舶燃料的含硫量,减少船舶发动机排放的氮氧化物。

英国《2008年气候变化法案》是由英国政府与地方政府合作制定的,它推出了世界上第一个具有法律约束力的应对气候变化的框架,[5]该法案要求英国在2050年将碳排放量从1990年的水平减少至少80%。[6] 这个目标基于气候变化委员会(CCC)报告的建议:建设低碳经济。80%的目标包括来自地方政府温室气体(GHG)的排放,目前约占英国总排放量的20%。[7]

该法案要求政府制定具有法律约束力的"碳预算"。碳预算是对英国在5年期间排放的温室气体总量的上限。[8] 委员会就每个碳预算的适当水平提供建议,这些预算旨在反映出实现长期目标的成本有效途径。前4个碳预算已

---

① Tim Laing, Misato Sato, Michael Grubb and Claudia Comberti,"评估欧盟排放交易体系的有效性"(2013年1月)＜http://www.lse.ac.uk/GranthamInstitute/wp-content/uploads/2014/02/WP106-effectiveness-eu-emissions-trading-system.pdf＞accessed 14 December 2016。

② 英国政府,"参与欧盟碳排放交易机制"(2016年9月21日)＜https://www.gov.uk/guidance/participating-in-the-eu-ets＞accessed 14 December 2016。

③ Ibid.

④ Ibid.

⑤ 气候变化委员会,"气候变化法案和英国法规"＜https://www.theccc.org.uk/tackling-climate-change/the-legal-landscape/global-action-on-climate-change/＞accessed 14 December 2016。

⑥ Ibid.

⑦ Ibid.

⑧ Ibid.

经投入立法并将运行至2027年。①

气候变化委员会成立的目的是为政府就减排目标提供建议，并向议会报告减少温室气体排放所取得的进展。② 这包括了适应气候变化计划的适应小组委员会（ASC），该委员会负责审查和建议政府应对气候变化的计划。

一项国家适应计划要求政府评估英国的气候变化风险，制定应对气候变化的战略，并鼓励重要组织采取同样的措施。③

第二节　废弃物政策

垃圾填埋税是减少废弃物的一个关键工具，它的目标是将垃圾填埋的外部成本内化，并鼓励替代废物处理办法的使用。④《废弃物框架指令30（WFD）》第3条第1款将"废弃物"定义为"持有人抛弃、有意或被要求抛弃的人和物质或物品"。垃圾填埋税通过直接增加填埋垃圾的成本来刺激垃圾填埋的有效管理水平。⑤然而，基于数量和价格的工具都是提供所需结果有效且成本有效的方式。根据《2012年废物（英格兰和威尔士）（修正案）条例》，自2015年1月1日起，废物收集部门必须分别收集废纸、金属、塑料和玻璃。⑥这也是废物收集部门的一项责任，从那时起，对收集的这些垃圾进行安置，以确保通过单独的收集方式进行垃圾安置。⑦ 这些职责适用于需要单独收集的地方，以确保废物按照指令进行回收操作，并促进或改善回收情况；并且使该

---

① 气候变化委员会，"气候变化法案和英国法规"＜https://www.theccc.org.uk/tackling-climate-change/the-legal-landscape/global-action-on-climate-change/＞accessed 14 December 2016。

② Ibid.

③ Ibid.

④ 环境、食品和农村事务部，"废弃物经济学和废弃物政策"https://www.gov.uk/government/uploads/system/uploads/attachment_data/file/69500/pb13548-economic-principles-wr110613.pdf＞accessed 14 December 2016。

⑤ 下议院，"英国2007年废弃物策略：政府对委员会2009—2010年度环境、食品和农村事务委员会内容的第三份报告的回应"＜http://www.publications.parliament.uk/pa/cm200910/cmselect/cmenvfru/510/51004.htm＞accessed 14 December 2016。

⑥ 英国政府，"废弃物立法和法规"＜https://www.gov.uk/guidance/waste-legislation-and-regulations＞accessed 14 December 2016。

⑦ Ibid.

指令在技术上、环境上和经济上可行。[①] 这些指责适用于归类为家庭废弃物和归类为商业或工业的废物。

第三节 大自然保护

《栖息地指令》(92/43/EC)和《鸟类指令》(2009/14/EC)包含了旨在保护一系列的栖息地和物种的各种义务,包括最稀有和最脆弱的物种。[②]原则上,所有泰晤士河流域健康特别保护区(SPA)附近的住宅开发申请都需要进行筛选,以确定是否需要适当的评估,因为这些申请可能会增加游憩压力,从而对人们和近地点的、已被分类的筑巢鸟类物种造成不利影响。[③]

应用的标准被认为是为了确保这样的开发,才不会对特别保护区(SPA)的完整性产生重大影响。[④] 这些标准包括:避免在特别保护区 400 米以内进行住宅开发;并允许在特别保护区 400 米至 5 千米的范围内进行房地产开发(无须诉诸适当的评估),条件是有足够的替代天然的绿色空间可以转移特别保护区的游憩压力,针对特别保护区公众开放区的准入管理措施和监管已经获得适当的开发商的出资支持。[⑤] 这些措施导致了所有地方当局的一致性和合理的确定性,即住房单独开发或联合开发都不会对泰晤士河流域的健康发展造成不利影响。

当然,任何不符合这些标准的开发建议,都将受到适当的评估,以确定它们可能对特别保护区的影响。环境管理计划是一项补贴计划,鼓励农民根据共同农业政策(CAP)单一支付计划所要求的合规措施,对环境土地管理措施

---

① 英国政府,"废弃物立法和法规"<https://www.gov.uk/guidance/waste-legislation-and-regulations>accessed 14 December 2016。

② J Leijen,"栖息地和鸟类指令 vs. 共同渔业政策:一个悖论",Utrecht Journal of International and European Law,2011,27:73,pp. 19-45.

③ Bracknell Forest Borough Local Development Framework,"Thames Basin Heaths Special Protection Area Avoidance and Mitigation Supplementary Planning Document" (government paper March 2012) <http://www.bracknell-forest.gov.uk/thames-basin-heaths-spa-avoidance-and-mitigation-spd.pdf>accessed 14 December 2016.

④ Ibid.

⑤ Ibid.

进行监督。[①] 该计划资助的环境土地管理措施包括保护生物多样性、维护和加强自然景观的措施。[②]

① Bracknell Forest Borough Local Development Framework,“Thames Basin Heaths Special Protection Area Avoidance and Mitigation Supplementary Planning Document”(government paper March 2012)＜http://www.bracknell-forest.gov.uk/thames-basin-heaths-spa-avoidance-and-mitigation-spd.pdf＞accessed 14 December 2016.

② Tim Everett,Mallika Ishwaran,Gian Paolo Ansaloni and Alex Rubin,“经济增长与环境”'(2010 年网站)＜https://mpra.ub.uni-muenchen.de/23585/1/economic-growth-environment.pdf＞accessed 14 December 2016。

第八章　涉外争端解决相关法律

第一节　法院系统以及重要的法院程序规则

在英国，由两套法院系统分别处理民事和刑事案件。不同类型的案件在特定的法院审理：例如，所有的刑事案件都将从治安法庭开始，但是更严重的刑事案件被提交（或被送）到刑事法庭。① 刑事法庭的相关诉讼将上诉至高等法院，并可能被诉至上诉法院，甚至最高法院。② 民事案件有时会由地方法官处理，但也很可能会被郡法院受理。再一次，上诉将会被诉至高等法院，然后上诉至法院，尽管是这些法院的不同部门。法庭系统有自己的处理案件和上诉的结构，但是来自上级裁判所和就业上诉法庭中不同裁判庭的判决也可能会被诉至上诉法庭。

一、英格兰及威尔士的民事审判

民事法庭系统由法庭、郡法院、高等法院、上诉法院、民事法庭和英国最高法院组成。英格兰和威尔士的民事审判主要在郡法院处理，而更为重大或复杂的案件则在最高法院处理。③ 这个法庭的管辖权范围很广，从非常小

---

① 法院和法庭司法，“治安法庭”<https://www.judiciary.gov.uk/you-and-the-judiciary/going-to-court/magistrates-court/>accessed 14 December 2016。

② Ibid.

③ Ibid.

额的或简单的索赔，例如损坏的货物或债务追讨，到跨国公司之间的大额索赔。

民事案件涉及公众可参加的公开法庭的听证会、公众不可参加的法官私室听证会，以及法官仅以文件为依据私下决定的事项。[①] 大多数民事纠纷以及那些通常不会进行全面审理的案件不会在法庭上结案，其中许多是通过调解解决的(在法院外进行处理纠纷的程序)，或者通过使用现有的申诉程序。但是，如果一个案件要通过法院解决，其目的是使案件尽可能的简单。[②] 对于较小的索赔，通过小型索赔法庭可以迅速而廉价地解决纠纷。在民事审判中，法官无权监禁败诉方。通常情况下，他们通常(但并非总是)向胜诉方提供“损害赔偿金”，而这一数额取决于索赔的具体情况。

法官审理民事案件：在审理民事案件之前，法官会阅读相关的案件文件，并熟悉其细节。[③] 绝大多数民事案件在法院没有陪审团(文字和口头诽谤审判是主要的例外)，法官基于自己所听到的以及发现的事实来判决，并且运用相关的法律——但可能在“法是什么”方面有相当大的分歧——然后做出一个合理的判断。法官在处理民事案件时发挥了积极的作用，帮助确保当事人尽可能迅速和有效地进行。

这包括：鼓励各方就案件进行合作；帮助当事人解决案件；鼓励当事人在适当的情况下使用另一种争议解决程序；并控制案件的进展。[④]

偶尔，当事人也会同意相关的事实，而法官也不需要听取任何现场证据。这些问题可能涉及适用的法律或判决的条款。但通常情况下，当事人和他们的证人会提供书面和现场证据，而现场目击者可能会被盘问。[⑤] 法官确保所有当事人都有机会将案件提交并尽可能充分和公正地审理案件。在案件中，法官会提出他或她觉得需要澄清的任何问题。[⑥] 法官还会决定审理过程中可能出现的所有程序问题。

法官将听取双方的意见。民事法官有权惩罚当事人，例如，他们藐视法庭，但一般情况下，民事案件不涉及任何惩罚。法官的任务是决定什么是适当

---

① 法院和法庭司法，“英格兰和威尔士的民事审判”＜https://www.judiciary.gov.uk/about-the-judiciary/the-justice-system/jurisdictions/civil-jurisdiction/＞accessed 14 December 2016。

② Ibid.

③ Ibid.

④ Ibid.

⑤ Ibid.

⑥ Ibid.

的补救措施,以及具体的条款。

二、民事上诉系统

英格兰和威尔士的民事上诉制度可以概括如下:

在最低一级的民事案件中,对第一审判决的上诉进行审判的法院被称为郡法院,是由法官的下一级法官——巡回法官(也就是郡法院的法官)做出的。然后,对巡回法官第一审判决的上诉,是由在伦敦的皇家法院(以及其他地区中心)的高级法院法官做出的。① 上诉法院决定是否接受第二次上诉,且其通常在伦敦的皇家法院审理。

总而言之,在英国法律制度下,重新进行聆讯与上诉至高等法庭的判决相同,一般来说,都需要上诉许可(除了因藐视法庭和人身保护令而入狱的案件)。② 在上诉人通知书中,可以向下级法院、审裁处或者有关上诉法院提出上诉许可申请。下级法院或者法庭拒绝许可申请的,可以在上诉法院复议。只有在以下情况下才可以提出上诉许可:(1)法院认为上诉具有真正的成功前景的情况下;(2)还有其他一些令人信服的理由来解释为什么上诉应该被听取(例如,关于某一特定问题的法律可以被澄清)。③ 许可的命令可以限制被听取的问题或者根据情况做出决定。上诉申请书必须在下级法院或特别法庭做出上诉之日起 21 天内提出。④ 上诉法院有权延长申请文件的时间。被上诉人可在收到上诉人通知书后的 14 天内提交答辩状,且必须基于以下情况进行:上诉许可申请是针对下级法院的判决,而上诉法院将被要求就不同于在下级法院或法庭所做出的或新提交的证据进行审判。

上诉法院可以根据案件的所有情况,裁定上诉是否应维持下级法院或法庭做出的判决、裁定。⑤ 上诉人的通知可以修改,但必须经上诉法院的同意。

---

① 法院和法庭司法,"英格兰和威尔士的民事审判"<https://www.judiciary.gov.uk/about-the-judiciary/the-justice-system/jurisdictions/civil-jurisdiction/>accessed 14 December 2016。

② 司法,"民事诉讼规则"<https://www.justice.gov.uk/courts/procedure-rules/civil>accessed 14 December 2016。

③ "郡法院和高等法院的上诉:快速指南"Practical Law(2016)<http://uk.practicallaw.com/4-521-8836>accessed 14 December 2016。

④ Ibid.

⑤ Ibid.

上诉大多限于对下级法院判决的复审，除非：(1)实际情况另有要求；(2)法院认为，在上诉的情况下，重新审理是有利于公正的。[①] 除非法庭另有规定，否则上诉人不得在法庭上使用不属于下级法庭的口头证据或书面证据。任何有关新证据的命令都必须根据依据案件公正的首要目标。上诉法院有权对下级法院或者法庭做出或发出的任何命令、判决进行确认、搁置或者更改；参阅下级法院或法庭裁定的任何索赔或问题；下令重新审判或者听证；下令支付利息；并做出实施诉讼成本费命令。[②] 在新的证据被发现时，可以下令重新审判。在以下情况下，上诉法院将允许上诉：下级法院做出的判决是(1)错误的(即基于法官行使自由裁量权的法律错误或事实错误)；或者(2)不公正的，因为下级法院在程序上以及其他方面存在不规范性。法律错误包括法令政策解释或适用错误，或者未能基于充分的理由做出判决。

三、刑事程序

在刑事诉讼程序中，通常由皇家检察署做出起诉某人的决定。在绝大多数案件中(95%以上)，地方法官会听取证据，作为陪审团，则需要做出有罪或无罪的裁决。[③] 对于更严重的案件，地区法官(治安法庭)或刑事法庭的巡回法官将听取证据，而在后者的案件中，这将涉及陪审团的审判。非常严重的刑事案件，如谋杀和强奸，可能由高级法院法官审理。[④] 刑事案件的判决是在特定的法庭上做出的。如果该罪行被认为足够严重，或者案件特别复杂，它将被送往刑事法院。[⑤] 任何就刑事法院诉讼提起的上诉将被诉至高等法院，在极少数情况下，这些案件将被升级到上诉法院或最高法院(这是上议院的新名字)。在大多数情况下，案件首先在治安法庭进行审理，在特殊情况下，它会被送到刑事法庭。[⑥]

---

① “郡法院和高等法院的上诉：快速指南”Practical Law(2016)<http://uk.practicallaw.com/4-521-8836>accessed 14 December 2016。

② Ibid.

③ 法院和法院司法，“刑事司法”(政府网站 2012)<https://www.judiciary.gov.uk/about-the-judiciary/the-justice-system/jurisdictions/criminal-jurisdiction/>accessed 14 December 2016。

④ Ibid.

⑤ Ibid.

⑥ Ibid.

第二节　英国法律系统中的仲裁与调解规则

《1996 年仲裁法》(下文简称《仲裁法》)为英国的国内和国际仲裁提供了一个连贯和现代的框架。[①]《仲裁法》受到了联合国贸易法委员会示范法的影响，但在一些重要的方面却有所不同。《仲裁法》还规定了仲裁和仲裁法在管辖范围内的原则。[②]

根据英国法律，各种各样的纠纷都可以仲裁。《1996 年仲裁法》本身并没有规定争议是否有仲裁能力(《仲裁法》第 81 条第 1 款第 1 项)。[③] 相反，法院会根据具体情况来决定是否需要仲裁。一般情况下，根据英国《仲裁法》，商业纠纷可以仲裁。这包括与欺诈有关的纠纷，除非该欺诈与仲裁协议有关[参见案例 *Premium NAFTA Products Ltd* (*20th Defendant*) & *Ors v Fili Shipping Company Ltd* & *Ors* (2007) UKHL 40]；[④]有关知识产权、就业法和消费者权利的纠纷，通常也是可仲裁的，以及某些竞争法律问题。根据《1996 年破产法》，破产程序受制于法定制度，因此不具备仲裁的能力。刑事案件和家庭法律问题不受仲裁的影响。[⑤]

根据《1996 年仲裁法》，仲裁协议必须是书面的(《仲裁法》第 5 条第 1 款)。但是，书面协议不需要双方签署(《仲裁法》第 5 条第 2 款第 1 项)且以交换书面通信达成(《仲裁法》第 5 条第 2 款第 2 项)。[⑥]

如果口头协议由协议当事人授权的一方当事人或第三方予以记录，则该协议可仲裁[参见案例 *Toyota Tsusho Sugar Trading Ltd v Prolat SRL* (2014) *EWHC* 3649 (*Comm*) 和案例 *Midgulf International Ltd v Groupe Chimique Tunisien*(2010) EWCA Civ. 66，两者分别涉及书面仲裁协议的广泛范围和口头仲裁协议的有效性]。

---

① “英国仲裁程序和实践(英格兰和威尔士)：综述” Practical Law(2016)<http://uk.practicallaw.com/4-502-1378? source=relatedcontent>accessed 14 December 2016。

② Ibid.

③ Ibid.

④ Ibid.

⑤ Ibid.

⑥ Ibid.

一、独立的仲裁协议

英国仲裁法不要求仲裁协议在单独的仲裁协议中规定，因为它认可可分离性原则。这就表明仲裁协议与合同是分开的。因此，仲裁协议可以在合同的违约或终止的情况下，在合同发生前或终止后解决任何有关债务的纠纷。①

英国法院将仲裁和“类似仲裁”的程序区分开来，不符合《仲裁法》规定的仲裁程序，如案例 *Turville Heath Inc v. Chartis Insurance UK Ltd* (2012) EWHC 3019 中所述。② 当事人可以自己指定仲裁程序规则，或者可以根据特定机构的仲裁或其他规则来采取一套程序。该规则受到《1996 年仲裁法》强制性规定的约束。

二、真正的仲裁协议

在上述提到的 *Turville Heath Inc v. Chartis Insurance UK Ltd* (2012) EWHC 3019 案中，根据一项保险政策向高级法院提出了一项条款，规定每一方必须选择独立的评估师，然后将其调查结果提交给推定的仲裁员。③ 然后，仲裁员就会做出书面决定，由 1 名或 2 名鉴定人同意。法院认为，这一条款并不是真正的仲裁条款，因为仲裁员必须同意 1 名评估师的意见，而不是做出自己的独立决定。

英国法院认为，根据英国法律，只允许一方提交仲裁的单方面或可选条款是有效的。在案例 *Law Debenture Trust Corporation plc v Elektrim Finance BV and others* (2005) EWHC 1412 以及案例 *NB Three Shipping Ltd v Harebell Shipping Ltd* (2005) 1 Lloyds Rep 509 中，法院支持单方可选条款。④ 他们指出了这些条款的商业意义，并指出，合同条款使一方比另一方有优势是很常见的。⑤

---

① “英国仲裁程序和实践(英格兰和威尔士)：综述” Practical Law(2016)<http://uk.practicallaw.com/4-502-1378? source=relatedcontent>accessed 14 December 2016。

② Ibid.

③ Ibid.

④ Ibid.

⑤ Ibid.

最近,在案例 *Mauritius Commercial Bank Ltd v Hestia Holdings Ltd and others*(2013) EWHC 1328 (Comm)中,英国法律协议包含了一项纠纷解决条款,该条款规定了英国法院的专属管辖权。[①]他们还表示,索赔人银行不能“被阻止在任何司法管辖区内的任何其他法院提起诉讼”。原告试图启动英国法院程序,但被告对上述单边选择条款的有效性提出质疑,理由是它不符合平等诉诸司法的基本原则。然而,法官驳回了被告的论点,强调“这些不对称的条款经常被法院执行”。[②]

三、缺省规则

如果当事人不能就程序达成一致,法庭就会决定程序。这是《仲裁法》第33条第1款所规定的一般义务。仲裁庭的权力范围很可能被包含在当事人的仲裁协议中,而法庭是根据仲裁协议指定的。[③] 这些可以从仲裁机构的规则中被纳入或者包含在一个明确的协议中。如果没有明确的协议,仲裁庭可进行以下事项:裁定哪些文件(如有)必须由当事人披露(《1996年仲裁法》第34条第2款第4项);并决定对当事人所提交的任何材料的可采信性、相关性或重要性是否适用严格证据规则(或其他规则)(第34条第2款第6项)。此外,法庭可以聘任专家、法律顾问或陪审员(《仲裁法》第37条),直接指令证人为以宣誓或不经宣誓而做出的正式证词做证(《仲裁法》第38条第5款)。[④]

四、披露范围

在披露证据方面,各方可以就信息披露的范围和程度达成一致。在没有任何协议的情况下,特别法庭必须根据《1996年仲裁法》第34条第2项第3款考虑“是否任何文件或任何文件类别在何阶段应在当事人间披露并提供”[⑤]。这就清楚地表明,不需要披露任何信息,只要这样做,法庭就不会违反《仲裁

---

① “英国仲裁程序和实践(英格兰和威尔士):综述” Practical Law(2016)<http://uk.practicallaw.com/4-502-1378? source=relatedcontent>accessed 14 December 2016。

② Ashurst,“不对称管辖权条款作为英国法律的有效性(商业诉讼通讯,2013年10月)”<https://www.ashurst.com/publication-item.aspx? id_Content=9606> accessed 14 December 2016。

③ Ibid.

④ Ibid.

⑤ Ibid.

法》第33条规定的义务。然而,如果法庭要求披露无关的文件,这将违反其采取适当程序、避免拖延和不必要费用的义务。仲裁的披露根据每个案件的要求而有所不同。①

当事人经常同意使用或指示仲裁庭,遵循国际律师协会在"国际商事仲裁中提供证据的规则"。这就限制了法庭对那些与这些问题"相关和重要"的文件进行广泛披露的权力。②

五、优缺点

当事人之所以选择仲裁而不是诉讼,是因为它将纠纷排除在国家法庭之外,并将纠纷提交给有信心的中立论坛。各方选择仲裁还因为仲裁裁决根据《联合国承认及执行外国仲裁裁决公约》在包括英国在内的许多国家中得到认可和执行,仲裁裁决已经获得了156个国家的批准。③ 仲裁也有可能比诉讼更灵活。例如,当事人可以指定专家领域的仲裁员,并调整程序以适应特定案件的需要。④ 一些当事人认为仲裁裁决的最终结果是有价值的。与判决相比,裁决不太可能被上诉,某些上诉权可通过协议排除。

然而,仲裁并非在任何情况下都是理想的。除非当事人另有明确约定,仲裁庭一般不能强迫第三方参与仲裁。由于任命仲裁庭的程序,在程序开始时可能会出现延误。⑤ 在仲裁员特别忙碌且有时可能会出现严重延误的情况下,才能进行听证会。由于仲裁人的强制权力比法院的权力更有限,因此战略性(蓄意)的拖延和违反程序性最后期限的机会更大。仲裁有时被认为比诉讼更快、更廉价。⑥ 然而,情况并非总是如此,这取决于当事人和法庭的行为。

六、可适用的立法

《1996年仲裁法》(后文简称《仲裁法》)为在英国的国内和国际仲裁提供

---

① "郡法院和高等法院的上诉:快速指南" Practical Law (2016) <http://uk.practicallaw.com/4-521-8836>accessed 14 December 2016。

② "郡法院和高等法院的上诉:快速指南" Practical Law (2016) <http://uk.practicallaw.com/4-521-8836>accessed 14 December 2016。

③ Ibid.

④ Ibid.

⑤ Ibid.

⑥ Ibid.

了一个连贯和现代的框架。《仲裁法》受到了联合国贸易法委员会示范法的影响，但在一些重要的方面却有所不同。[①] 例如，《仲裁法》是一个单一的立法框架，它适用于所有在英格兰、威尔士和北爱尔兰的仲裁，而不仅仅是国际商事仲裁。《仲裁法》还规定了仲裁的基本原则。根据《1996 年仲裁法》，有许多强制性条款在一览表 1 中列出。[②] 其中包括法院有权在违反仲裁协议和相关规定的情况下继续审理(《仲裁法》第 9—11 条)。法院有权延长约定的时限，并适用时效法(《仲裁法》第 12 条和第 13 条)。[③]

七、时效

根据《1996 年仲裁法》第 13 条第 1 款，《1980 年时效法》和《1984 年外国时效期间法》，以及“任何与诉讼时效有关的其他立法”(《1996 年仲裁法》第 13 条第 4 款)皆适用于适用法律程序的仲裁程序。因此，仲裁程序的索赔人必须在与诉讼请求人相同的时间内开始仲裁。[④]

在英国法律中，合同索赔自违约之日起有 6 年的时效期间；除非是根据契约制定的，在这种情况下，期限为 12 年。侵权索赔自损害发生之日起有 6 年的时效期间。[⑤] 对于潜在的损害，时效期间自索赔人首先具备提起诉讼所需的意识和提起诉讼的权利开始。《仲裁法》允许当事人在仲裁程序开始时达成一致，并规定未达成协议时会发生的事情。在此期限内未启动仲裁的，有权开始仲裁。但是，《仲裁法》第 12 条赋予法院在特殊情况下，延长可用时间的自由裁量权，例如，一方当事人的行为使另一方当事人遵守诉讼时效的严格条件变得不公正。[⑥] 与英国有联系的常用仲裁机构包括伦敦国际仲裁法庭、英国特许仲裁员协会和伦敦海事仲裁员协会。

---

① “郡法院和高等法院的上诉：快速指南” Practical Law (2016) ＜http://uk.practicallaw.com/4-521-8836＞accessed 14 December 2016。

② Ibid.

③ Ibid.

④ Indira Carr，国际贸易法(4th edition，Routledge Cavendish) 2010。

⑤ Ibid.

⑥ “郡法院和高等法院的上诉：快速指南”Practical Law(2016)＜http://uk.practicallaw.com/4-521-8836＞accessed 14 December 2016。

八、管辖权问题

在程序开始时，一方当事人否认仲裁庭解决纠纷的管辖权，可提出异议（必须不迟于其在程序中所采取实质性措施）（《1996 年仲裁法》第 31 条第 1 款）。或者，根据当事人或仲裁庭的协议，可以向法院申请决定有关仲裁庭管辖权的问题（《仲裁法》第 32 条）。①

另一种救济办法规定在《仲裁法》第 72 条中。该法规定，如果被指称为仲裁程序的一方当事人，且并未参与任何仲裁程序，则可通过法院程序申请对仲裁庭的管辖权提出异议。②

九、仲裁协议的执行

根据《1996 年仲裁法》，仲裁协议必须是书面的（《仲裁法》第 5 条第 1 款）。但是，书面协议不需要双方签署（《仲裁法》第 5 条第 2 款第 1 项）且仅以交换书面通信达成（《仲裁法》第 5 条第 2 款第 2 项）。③《仲裁法》对书面形式的要求是非常宽泛的。它们甚至还包括由当事人授权一方当事人或第三方予以记录的口头协议（《仲裁法》第 2 款第 3 项和第 5 条第 4 款）。④

根据英国法律，不能强迫第三方非签约国对与该合同无关的一项合同进行仲裁。但是也有少数情况下，第三方可以成为仲裁协议的一方当事人，因此可以根据该条款强制仲裁。⑤ 这可以通过一个新合同或一个合同转让给第三方，通过代理或通过法律（例如，与破产或保险有关）的方式来实现。

值得注意的是，英国法律规定了一种法定制度，要求第三方受益人在合同中对纠纷进行仲裁，在这些纠纷中，他们希望执行合同条款，并从中受益。根据《1999 年合同（第三方权利）法》第 1 条，如果合同明确规定了它可以或使第三方受益，第三方可以执行合同的条款。⑥ 如果合同包含仲裁协议，则第三方必须通过仲裁方式执行他的权利（参见《1999 年合同（第三方权利）法》第 8

---

① “郡法院和高等法院的上诉：快速指南”Practical Law（2016）＜http://uk.practicallaw.com/4-521-8836＞accessed 14 December 2016。

② “英国仲裁程序和实践（英格兰和威尔士）：综述”，Practical Law（2016）＜http://uk.practicallaw.com/4-502-1378? service＝arbitration＞accessed 14 December 2016。

③ Ibid.

④ Ibid.

⑤ Ibid.

⑥ Ibid.

条）。然而，这一条款的适用范围有限，因为只有当第三方希望在主合同下执行他的权利时，它才有效。[①] 在商业合同中，排除适用《1999 年合同（第三方权利）法》也是相当普遍的。[②]

译者：慕子怡
香港城市大学法学博士
广州大学法学院讲师

① "英国仲裁程序和实践（英格兰和威尔士）：综述"，Practical Law (2016) <http://uk.practicallaw.com/4-502-1378? service=arbitration>accessed 14 December 2016。

② Ibid.

美国

Timothy S. Perry
Jim Letten

作者介绍

Timothy S. Perry先生是美国律师事务所Butler Snow LLP的高级国际法律顾问，曾在佐治亚州亚特兰大担任巴西名誉领事。

Jim Letten先生是美国律师事务所Butler Snow LLP的合伙人，此前曾在新奥尔良担任总统任命的美国检察官，并于杜兰大学法学院担任助理院长。

概　述

美国作为世界上最重要的经济体之一，是有关国际贸易与国际投资议题讨论的核心。鉴于美国当下政治环境的变化，参照和遵守本文所提之事项变得越发重要，因为相关政策的变化趋势已日趋显现。如下文所说，与过去几十年不同的是，关税或贸易壁垒可能会在未来成为美国市场的一大特征。除此之外，国际贸易多边协议的方式或将逐渐被国家与国家间的双边贸易安排所取代。

第一章　美国海关制度与相关法律

本领域的美国法主要规制货物，尤其是跨越边境进入美国的货物。该领域法律在以下几种情况适用：外国企业通过直接向美国进口货物进入美国市场；或外国企业通过建立分销渠道将其货物进口到美国，从而进入美国市场；或外国企业通过使用供应链（包括进口到美国的商品）在美国直接投资生产商品进入美国市场。

如本章和以下章节所述，美国海关不能仅仅被当作位于美国边境、港口或航站楼的收费站。事实上它具有警察的职能，负责执行美国的海关法。因此，它不仅被称为美国海关局，也被称为美国海关及边境保卫局。

美国海关及边境保卫局被授权执行多项任务，并掌握大量资源来保证其任务的完成。除最基本的征收关税外，这些任务还包括使用警察权力打击制止假冒或侵权产品，执行反倾销和反补贴税，扣押麻醉品、非法武器或违禁品，以及处理移民相关事宜。①

随着大数据技术使用增多，美国海关及边境保卫局在关税征收和执行反倾销或反补贴税方面变得更加高效。对于负责追踪进入到美国的跨境物品的机构来讲，他们的任务量惊人，需要了解和掌握的信息量十分庞杂，包括物品的种类，对应的关税，以及其他法规是否存在影响该货物进入美国的成本甚或是进入美国的权利等。

---

① Damon V. Pike and Lawrence M. Friedman, Customs Law (Durham, North Carolina, Carolina Academic Press, 2012), p. 20.

第一节 入境文件

在所有信息中首先被检查，并会成为之后一系列执法基础的便是入境文件。已登记的进口商(或其报关代理人)在宣誓后，完成并向政府提交关于通过特定进口港进口到美国的货物的资料信息。美国海关及边境保卫局根据该信息决定是否允许该货物进入美国。根据进口商提供的信息，海关及边境保卫局会从以下几个方面考察：所描述之货物是否为美国法律所允许；如若允许，根据法律应该如何征税；以及是否符合美国其他相关政府机构的法律法规；等等。海关及边境保卫局会收集和生成有关贸易的大量统计信息。

美国政府对每次货物入境的申请进行编号，并分配 11 位的电子条目，我们可以看到整个流程是如何实现计算机化并为大数据的信息提供着的。该电子编号系统如下：

条目号码的前 3 个字符代表文件编织者(即已登记的进口商或其报关代理人)：所有海关经纪人都有属于自己的唯一的 3 字符标识代码，该标识用于识别他们名下的所有进口商进入美国的任何货物。在 3 字符后是由代理人或进口商分配的 7 位条目号；该 7 位条目号必须是唯一的，即同一条目不可分配给多次入境业务，每次入境业务的条目都不同。11 位标识码的最后 1 位称为“校验码”，必须由数据处理设备计算获得。[①]

海关经纪人受许可证、文件以及保税要求约束以确保符合法律规定。

第二节 美国统一关税表

货物入境的程序以及关税的确定使用关税分类来规范。关税分类的标准是“美国统一关税表”(HTSUS)，目前“美国统一关税表”已法典化，成为美国成文法的一部分。[②]

“美国统一关税表”使用 10 位以内的数字进行分类。在 10 位的数字中包

---

① Damon V. Pike and Lawrence M. Friedman, Customs Law (Durham, North Carolina, Carolina Academic Press, 2012), p. 48.

② 19 U. S. C. § 1202.

含标题、副标题和允许显著复杂性的统计后缀。因为最后 2 位数字用于统计目的,因此关税的分类分析通常是高达 8 位数计算的函数。以"美国统一关税表"第 65 章"帽类及其零件"为例,在以 6501.00 这 6 位数字开头的标题下,有一段说明该 6 位数所指代内容的描述:未定形且未做边之毡呢制帽坯、帽胎及斗罩;制帽用毡筒片(包括已开缝者)。

进一步,在此 6 位数字下又可以获得 6501.00.30 的 8 位数字子标题,在子标题里可以获得有关此类货品关税、税率以及相关条约规定等真实信息。6501.00.30 的内容指出:除在某些特定情况下,属男人和男童的"帽类及其零件"不需要交税;而如果"帽类及其零件"属于 6501.00.60 所指的"其他"类,即男性和男童以外的种类,则除某些条约规定的例外情况外,需要征收关税。①

"美国统一关税表"体现了海关税务的分类系统是如何对不同产品和货物进行分类、征收不同关税和进行监管处理的。该分类系统并不是美国的发明创造,而只是世界海关组织(WCO)管理的"协调制度公约"附件中所列明的"全球协调商品说明和编码系统"的美国版本,此系统于 1989 年 1 月 1 日起在美国生效。②

第三节 估值

通常情况下,政府对进口到美国的货物并不征收关税。在根据规定需要进行征税的情况下,税收的数额通常以货物价值的百分比进行计算,因此需要对货品价值进行估算。③ 货品价值多少与如何解释密切相关,因此常常成为争议的焦点。

货品价值在进口商最初向海关部门提交的申请入口文件中就有说明。通常情况下会附上发票和其他相关文件用以说明出口商为这批出口货物所支付或应支付的价格。因为涉及包装费、特许权使用费、佣金、经纪人佣金等其他

① 详见 19 U.S.C. §1202。

② 参见《美国统一关税表(27 版)》序言,2015 年 1 月,出版号 4513,美国国际贸易委员会出版 https://www.usitc.gov/publications/docs/tata/hts/bychapter/2015_revision_1/finalCopy.pdf,检索于 2016 年 9 月。

③ 这些事实可通过浏览《美国统一关税表》来发现许多"免"税和征税比例的例子来确认。

费用，通常会在货品原有价格基础上适当上调。对进口到美国的货物进行估值所依据的基本规则是《1979 年贸易协定法》。[①] 估值首先需要考量的是该货物在出售用于出口时的交易价值或实际支付/应付的价格，然后在此基础上进行相应调整。值得注意的是，依赖信息的主要困难在于，因申请进口货物相关方之间的频繁交易，导致所述货物之价值已与货物实际价值相去甚远。有关“转让定价”所引发的争议将在下文有所提及。

如果由于某种原因交易价值未用于评估用于进口目的之货物价值，则应使用以下 5 个额外信息源进行估值(按使用优先顺序排列)：

• 相同商品的交易价值；

• 类似商品的交易价值；

• “倒扣价格”或“境内出售价格”(倒扣价格估价方法是指海关以进口货物、相同或者类似进口货物在境内销售价格为基础，扣除境内发生的有关费用后，确定进口货物完税价格的估价方法)；

• 计算值；

• 其价值无法确认情况下的估值(19 CFR 152.107《美国联邦法规汇编》第 19 主题关税，第 1 章，第 152 部分，第 107 节)。

这些标准在《1979 年贸易协定法》中有所描述。

当交易价值基于关联方交易(即转让定价)时，交易价值的可信力便会降低。时下有越来越多充满争议的税负扭曲现象发生。通过利用关联方收费、特许权使用费以及利润转移机制减少纳税或避税。因此不难看出，衡量关联方交易对海关估值的影响的方法与所得税领域的类似评估直接挂钩。

美国国内税务局和美国海关及边境保卫局这两个最强有力的执法机构，将会对关联方交易中交易价值的欺诈性操纵行为追责，甚至追究刑事责任。当然，经济动机最终可能在关联方交易的背景下发生冲突。例如，商品供应商通过操纵降低交易价格以降低关税，事实上是增加了相关美国购货者在美国销售的利润，因为其货物进口成本低。而如果海关关税低或不征收关税，则供应商可能会试图向美国相关购买方收取更高的价格，以便通过增加其货物成本来减少其在美国的应税收入。不用说，这是一个需要积极执法和审查的领域。[②]

---

① 19 U.S.C. § 1401a, et. seq.

② 转让定价领域须遵守非常详细的规定，参见《美国法典》第 26 卷 482 节“国内税收法”。

第四节　关税减让

在国际贸易的讨论中，至少在美国的讨论中，鲜有提及针对出口制造商的有关关税减让的法律程序，这类法律主要针对进口到美国且已缴纳税款的货物从美国转口或出口的情况。随着全球化工业供应链的日益发展，退税条款在其他国家工业政策的背景下被越来越多地提及，例如墨西哥的“保税加工协定”。美国也有类似的退税条款。①

下一章将会探讨美国海关和边境保卫局还执行的许多其他法规和条约。

---

① 参见《美国法典》第 19 卷第 1313 节以及《美国联邦法律汇编》第 19 主题关税第 191 部分的规定。有关退税和类似条款的解释可参见 Damon V. Pike and Lawrence M. Friedman, Customs Law(Durham,North Carolina,Carolina Academic Press,2012),pp. 341-384。

第二章　外贸体系和法律

为了解美国的外贸法，有必要去查看美国自由贸易协定、双边投资条约以及税务条约的巨大网络体系，其中明确而详细地列明了影响美国关税、贸易和投资的规则。然而迄今为止，美国尚未与中华人民共和国或其他亚洲国家签订自由贸易协定或双边投资条约。与之相比，美国作为缔约方所签订的税收协定覆盖范围更广，其中包括与中华人民共和国签订的税收协定。而美国和中华人民共和国都是世界贸易组织的成员。

如果“跨太平洋伙伴关系协定”（TPP）获批并生效，其将覆盖包括美国和大量亚洲国家在内的地区，尽管并不包括中国。但 TPP 在美国被批准的可能性并不大。

因此，美国与几乎整个亚洲的外贸体系并非基于自由贸易协定，而是在世界贸易组织框架下维持运转。

考虑到亚洲某些国家与美国签订了自由贸易或双边条约，本章将对世贸组织、自由贸易协定以及其他条约体系进行全面概述。这些条约是美国外贸体系和法律的精髓。本章后面还会探讨有重大影响的税收协定。

第一节　世界贸易组织

大多数亚洲国家都是世界贸易组织的成员或观察员。自 1995 年成立以来，已有一系列鼓励和促进国际贸易发展的条例和协定在世界贸易组织产生。世界贸易组织被视为自 1948 年始的关税及贸易总协定的继承者。

美国是世界贸易组织的成员。美国作为缔约国所签订的各种自由贸易协定是对世界贸易组织基本规定的补充。在缺乏美国作为缔约方的可适用的自由贸易协定的情况下，特定国家和美国之间的贸易体系主要反映了世贸组织的规定以及美国的成文法规定，例如上述关于海关和关税的法律。

世贸组织是一个由许多影响国际贸易的协定组成的复杂网络。已同意成为世贸组织成员的成员方通过签署加入协定。有关世贸组织内部各种国家间关系的条文详细且复杂。世贸组织提出其组织协定的复杂网络应遵循如下原则。

无歧视待遇原则

一国不应该对其贸易伙伴进行歧视；不应在本国国民、产品、服务和外国国民、产品、服务之间进行歧视。

更开放原则

降低贸易壁垒是鼓励贸易最直接有效的方法；这些壁垒包括关税和诸如进口禁令或选择性进行数量限制的配额制等措施。

可预见原则与透明原则

外国公司、投资者和政府应足够确信贸易壁垒不会被任意提高。稳定性和可预见性有利于鼓励投资，创造就业机会，使消费者充分享受竞争带来的多选择和低价格的好处。

更多竞争原则

抵制诸如出口补贴和为获得更多市场份额而以低于成本的价格进行产品倾销的"不公平"贸易手段。此类问题非常复杂，相关规则试图建立明确贸易手段公平与否的标准以及政府的回应方式，特别是通过征收额外的进口税来弥补因不公平贸易而造成的损失。

更利于欠发达国家原则

给予欠发达国家更多调整时间，更大灵活性和特权。世贸组织成员国中有超过四分之三是发展中国家以及正在向市场经济过渡的国家。世贸组织的协定给予这些国家时间进行过渡期的调整，以适应更为不熟悉，或许还将更困难的世贸组织规定。

环境保护原则

世贸组织协议允许成员国采取相关措施保护环境、公共卫生、动物健康以及植物健康。但是，这些措施必须以同样的方式适用于国内和国外企业。换句话说，成员国不得将环境保护措施作为掩饰其保护主义政策的手段。①

当前有关美国、欧盟、日本、加拿大等国家是否应依照中国入世协议中所要求的，在2016年承认中国“市场经济地位”的争议，即是世贸组织协定复杂性和重要性的案例之一。该争议最终有可能引发诉讼程序。该争议之所以重要，部分原因是中国“市场经济地位”的确立会降低美国对中国货物所征收的反倾销税。“反倾销”问题会在后文中进行更为详细的探讨。回到本案例中，该争端可能会持续多年，这将给美中两国间的贸易关系造成严重压力。②

随着美国与亚洲国家商贸利益和关系的不断拓展，随着亚洲国家逐渐发展成为发达经济体，我们认为美国政府很可能会努力将美国与亚洲各发展中国家的贸易关系，发展成为一个类似于其过去这些年所做的，附加于世贸组织规则之上的，由自由贸易协定、双边投资协定和其他协定等构成的网络。

几乎可以肯定的是，美国官员和决策者对国际贸易的本能反应将基于美国一贯的方法，即由自由贸易协定网络主导的方法。

第二节　美国自由贸易协定

据美国贸易代表办公室的信息，美国与下列20个国家签订过14项贸易协定。这些国家分别为：澳大利亚、巴林、加拿大、智利、哥伦比亚、哥斯达黎加、多米尼加共和国、萨尔瓦多、危地马拉、洪都拉斯、以色列、约旦、韩国、墨西哥、摩洛哥、尼加拉瓜、阿曼、巴拿马、秘鲁和新加坡。③

这些贸易协定中包括“北美自由贸易协议”(NAFTA)和“多米尼加共和国—中美洲自由贸易协定”(CAFTA-DR)等为人所熟知的区域性协定。其他自由贸易协定则是美国分别与上述国家签订的。

此外，美国已经完成了一项亚太区域贸易协定，即“跨太平洋伙伴关系协定”(TPP)的谈判工作；并正在与欧盟就“跨大西洋贸易和投资伙伴”(TTIP)协议进行谈判。这两个或可达成的协议能否在美国通过并适用将面临巨大的

① www.wto.org/english/thewto_e/whatis_e/what_stand_for_e.htm，检索于2016年9月。

② 详见 Gary Clyde Hofbauer and Cathleen Cimino-Isaacs of the Petersen Institute for International Economics at piie.com/blogs/trade-investment-policy-watch/outlook-market-economy-status-china，检索于2016年9月。

③ http://ustr.gov/trade-agreements/free-trade-agreements，检索于2016年9月。

政治挑战。

这些自由贸易协定是美国管理其与别国贸易法律的重要组成部分。当然关税领域是这些协定的管辖范畴，然而除关税问题外，许多涉及自由贸易的其他方面也在北美自由贸易协议及其他协议中有所规定。

比如，可以通过北美自由贸易协议的目录看到其22章涵盖内容的广度：

目录

第七编：行政与机构条款
第十八章：法律的发布、通报与实施
第十九章：反倾销与反补贴税事宜的审议与争端解决
第二十章：机构安排与争端解决程序
第八编：其他条款
第二十一章：例外
第二十二章：最后条款
注释
附件
附件一：现行措施的保留与自由化承诺
附件二：未来措施的保留
附件三：国家保留的活动
附件四：最惠国待遇的例外
附件五：数量限制
附件六：其他承诺
附件七：保留、具体承诺与其他事项①

在这个覆盖广泛的自由贸易协定网络之外，美国还是世贸组织的成员国，需要承担与贸易政策相关的要求和成员国义务。②

作为经济合作与发展组织（“经合组织”）的创始成员国，美国坚持其目标，根据其国际义务，促进全球贸易在多边和非歧视的基础上发展。③

第三节 美国双边投资协定

这个条约网络不是针对海关或关税，而旨在保护一国缔约国投资者在另一缔约国管辖范围内所进行的投资，例如有关免于征用或类似不良事件的保护措施。通常这些条约中会涉及需通过国际投资争端解决中心进行仲裁而执

① www.nafta-sec-alena.org/Home/Legal-Texts/North-American-Free-Trade-Agreement，检索于2016年9月。

② www.wto.org/english/thewto_e/whatis_e/inbrief_e/inbr03_e.htm，检索于2016年9月。

③ www.oecd.org/，检索于2016年9月。

行此类保护的规定。①

从以下名单中可见，亚洲国家更多的是与美国签订双边投资协定，而非自由贸易协定。

截至2016年9月30日，有42个与美国签订的双边投资协定在以下国家生效：阿尔巴尼亚、亚美尼亚、阿塞拜疆、巴林、孟加拉国、保加利亚、喀麦隆、刚果民主共和国（金沙萨）、刚果民主共和国（布拉柴维尔）、克罗地亚、捷克共和国、厄瓜多尔、埃及、爱沙尼亚、格鲁吉亚、洪都拉斯、牙买加、约旦、哈萨克斯坦、吉尔吉斯斯坦、拉脱维亚、立陶宛、摩尔多瓦、蒙古、摩洛哥、莫桑比克、巴拿马、波兰、罗马尼亚、卢旺达、塞内加尔、斯洛伐克、斯里兰卡、特立尼达和多巴哥、突尼斯、土耳其、乌克兰和乌拉圭。②

在美国作为缔约方的双边投资协议中，通常会有许多寻求对投资者进行基本保护的措施。如美国贸易代表办公室所说，以下六个关键利益是寻求保护的重点：

> 美国双边投资条约要求投资者及其“所涉投资”（即一双边投资条约的缔约方国民或公司在另一方领土范围内的投资）应获得与东道缔约国对待其本国或任何第三方国投资者与投资同样的优惠待遇。双边投资条约通常为投资的整个生命周期，即从设立或收购，到管理经营再到配置，提供更好的国民待遇或最惠国待遇。
>
> 双边投资条约对投资征收进行了明确限制，同时规定征收时能够迅速、充分和有效地支付补偿。
>
> 双边投资条约规定要求投资相关资金能够及时转入东道国并使用市场汇率。
>
> 双边投资条约限制强加的履行要求，例如将本地内容目标或出口配额，作为设立、收购、扩大、管理、投资行为或投资运作的条件。
>
> 双边投资条约允许投资者享有自由选择其高层管理人员的权利，不论国籍。
>
> 双边投资条约使缔约双方投资者有权向对方政府提交投资争端以进

---

① www. icsid. worldbank. org/apps/ICSIDWEB/icsiddocs/Pages/ICSID-Convention. asp，检索于2016年9月。

② www. tcc. export. gov/Trade_ Agreements/Bilateral_ Investment_ Treaties/index. asp，检索于2016年9月。

行国际仲裁。投资者不必须在该国国内法院解决投资争端。①

第四节 美国税收条约

美国(以及其50个州)和原属国就新商业活动的税收制度对国外贸易者在美从商的分析至关重要,该分析受某一税收条约条款的影响。美国国内税务部罗列了与美国有税收条约的67个国家。

中国与美国有税收条约,签署于1984年,亚洲其他几个国家也是如此。与美国签署税收条约的国家包括:亚美尼亚、澳大利亚、奥地利、阿塞拜疆、孟加拉国、巴巴多斯、白俄罗斯、比利时、保加利亚、加拿大、中国、塞浦路斯、捷克共和国、丹麦、埃及、爱沙尼亚、芬兰、法国、格鲁吉亚、德国、希腊、匈牙利、冰岛、印度、印度尼西亚、爱尔兰、以色列、意大利、牙买加、日本、哈萨克斯坦、韩国、吉尔吉斯斯坦、拉脱维亚、立陶宛、卢森堡、马耳他、墨西哥、摩尔多瓦、摩洛哥、荷兰、新西兰、挪威、巴基斯坦、菲律宾、波兰、葡萄牙、罗马尼亚、俄罗斯、斯洛伐克共和国、斯洛维尼亚、南非、西班牙、斯里兰卡、瑞典、瑞士、塔吉克斯坦、泰国、特立尼达、突尼斯、土耳其、土库曼斯坦、乌克兰、苏维埃社会主义共和国联盟(苏联)、英国、乌兹别克斯坦和委内瑞拉。②

影响在美国从商的基本税收条约规定,旨在避免双重征税以及确定一些借此法域有权就相关活动征税的基本规则。若无基本规则,两个或以上的法域可能试图就同一活动征税,而不会因同一活动在其他法域已征税而做相应调整。

第五节 美国卫生和植物检疫措施

美国有诸多涵盖颇广的法定和行政规定,属于卫生和植物检疫范畴的措施,其中许多作为初步事务由美国海关与边境保护署来实施或促进实施。一位评论员指出美国海关与边境保护署“促进美国其他47个政府机关管理的法

---

① www.ustr.gov/trade-agreements/bilateral-investment-treaties,检索于2016年9月。

② www.irs.gov/businesses/international-businesses/united-states-income-tax-treaties-a-to-z,检索于2016年9月。

律与规章的实施”①。

其中一些极为重要的描述如下：

美国最早的野生动物保护法案为Lacey法案(Lacey Act)。② 该法案禁止非法攫取野生动植物的商业贸易。美国鱼类与野生动物署网站对Lacey Act影响的概述如下：

> 依照Lacey Act，进口、出口、出售、获取或购买鱼类、野生动物或者植物且其获取、占有、运输或者出售1)违反美国或者印第安(土著美国人)法律，或者2)在州际或国外贸易中涉及任何鱼类、野生动物或者植物且其获取、占有、运输或者出售违反州或外国法律。
>
> 该法律涵盖了《野生动植物濒危物种国际贸易公约》以及州法律所保护的所有鱼类和野生动物及其部分或产品、植物……商业被视为依照此法案规定的出售。
>
> 2008年，Lacey Act得到修正以包括更多类型的受禁植物以及植物产品，包括用于出口的非法原木产品。
>
> 当Lacey Act于1990年通过时，该法成为第一部保护野生动物的联邦法律。该法对动植物的非法贸易施加民事和刑事处罚。如今该法规制国际或国内法律所保护的任何物种的进口，以及防止入侵性或非原生物种的扩散。③

近来Lacey Act最有争议的行动之一涉及吉布森吉他和木材进口。2012年，吉布森吉他公司在美国司法部关于指控对其进行调查后，与美国司法部达成了一项刑事执行协议。指控称该公司因从马达加斯加非法采购和进口乌木，以及从印度非法采购和进口红木和乌木而违反了Lacey Act。请注意Lacey Act将美国列为他国法律执行者的特殊情况。在吉布森吉他案中，美国正在执行马达加斯加禁止种植某些乌木的法律。正如司法部在其新闻稿中关于吉布森吉他案所进行的解释：

> 自2008年5月以来，根据Lacey Act，向美国进口根据法案所采伐和出口的植物和植物产品(包括木材)是违法的。该法案是在美国最古老的

---

① Pike and Friedman, Customs Law, cited above, p. 739.

② 16 U.S.C. §§3371－3378.

③ www.fws.gov/International/laws-treaties-agreements/us-conservation-laws/lacey-act.html，检索于2016年9月。

资源保护法，旨在保护这些产品以解决世界各地非法采伐对环境和经济的影响。

……

……

马达加斯加乌木是一个缓慢生长的树种，由于过度开发，其供应量被认为在其本土环境中受到威胁。马达加斯加乌木和其他树种的合法和非法采伐都显著减少了马达加斯加的森林覆盖。马达加斯加的森林是许多稀有的地方植物和动物物种的家园。自 2006 年以来，已经禁止在马达加斯加收获乌木以及从马达加斯加出口未经加工的乌木。①

所以在考虑美国监管对货物进口的影响时，至少关于 Lacey Act 所涵盖的物品，除了美国法律以外，其他国家的法律也会产生巨大的影响。

动植物卫生检疫局（APHIS）在植物和动物产品的进出口中也发挥着核心作用，并将其与进出口相关的关键任务描述如下：

动植物卫生检疫局通过使美国农业生产免受病虫害的威胁，并保证数以百万计的运往海外市场的美国农产品和食品符合进口国的准入要求，在确保农业贸易的自由流动中发挥着至关重要的作用。动植物卫生检疫局确保从国外运往美国的所有进口农产品符合机构的准入要求，以排除农业病虫害。②

动植物卫生检疫局当前最具争议的任务之一是其对基因工程生物体的监测。以下是动植物卫生检疫局对其在该项工作任务中的描述：

动植物卫生检疫局监管某些遗传工程（GE）生物体的引进（进口、州际运动或环境释放）。所有受监管的遗传工程生物体的引进必须由动植物卫生检疫局根据其许可或通知程序进行授权。

当开发商收集到足够证据，即遗传工程生物体不会比同等非遗传工程生物体造成更多的植物虫害风险时，开发商可以请求动植物卫生检疫局批准遗传工程生物的非监管状态。如果请愿书获得了动植物卫生检疫局的批准，那么遗传工程生物体可能会被引入美国，而无须动植物卫生检

① www. justice. gov/opa/pr/gibson-guitar-corp-agrees-resolve-investigation-lacey-act-violations，检索于 2016 年 9 月。

② www. aphis. usda. gov/aphis/ourfocus/importexport，检索于 2016 年 9 月。

疫局进一步的管制监督。[①]

关于食品,美国农业部通过其食品安全检验局(FSIS)执行基本要求,例如肉类、禽类和蛋类产品,包括一些标签要求以及关于国家和设备原产地的要求。

此外,食品和药物管理局(FDA)执行《联邦食品、药物和化妆品法案》。[②]食品和药物管理局在管理烟草制品方面发挥作用,并描述了其广泛作用,包括"通过确保人药和兽药、疫苗和其他生物制品以及医疗器械的安全性、有效性、质量和保障来保护公众健康。食品和药物管理局还负责我国大部分食品供应、所有化妆品、膳食补充剂和放射性产品的安全和保障"[③]。

根据2002年的《公共卫生安全和生物恐怖防范应对法》,食品和药物管理局要求在美国销售食品的境内外生产商向食品和药物管理局注册。说起来很简单,任何进口到美国的在食品和药物管理局管辖范围内的产品,尤其是供人类消费的产品,都会引起多个需要详细审查和遵守的监管要求,包括标签要求。

有关武器、酒精和烟草的特殊管理领域只是列出了在联邦层级参与这些活动的机构和待执行的法律名称:酒类、烟草、武器和爆炸物管理局依据《国家枪械法》、[④]1976年的《武器出口管制法》[⑤]和1968年的《枪支管制法》管理进口。[⑥]

关于环境事宜,在进口边界也引发了重大的监管活动。环境保护署(EPA)的活动将在本章后面做更加详细的描述,其在处理车辆和车辆部件,如发动机、燃料、农药和其他化学物质,以及任何被视为危险废物的物质的进口方面特别积极。这些活动通常是环境保护署根据《清洁空气法》[⑦]《联邦杀虫

---

① www.aphis.usda.gov/biotechnology/submissions.shtml,检索于2016年9月。

② 21 U.S.C. § 301 et seq.

③ www.fda.gov/AboutFDA/Transparency/Basics/ucm192695.htm,检索于2016年9月。

④ 26 U.S.C. § 5844.

⑤ 22 U.S.C. § 2778.

⑥ 18 U.S.C. § 921-931. 详见 Damon V. Pike and Lawrence M. Friedman,Customs Law (Durham,North Carolina,Carolina Academic Press,2012),pp. 746-747.

⑦ 42 U.S.C. § § 7401 et seq.

剂、杀真菌剂和杀鼠剂法》[①]《有毒物质控制法》[②]和《资源保护和恢复法》发布的命令的延伸。[③]

并且最后，有关于由联邦通信委员会管理的射频设备的详细要求。

第六节 反倾销和反补贴税

美国确实以一种与其他国家相似的方式征收反倾销和反补贴税。

尤其是根据1930年的《关税法》，当在美国销售的进口产品的价格低于公允价值（倾销）或从外国政府项目提供的补贴中获益时，各方可以请求美国政府进行救济。美国国际贸易委员会（USITC）是诸多此类事宜的主导机构。

这些是极为复杂且昂贵的程序性战争，通常会导致外交和贸易战争中高额的税收和戏剧性的针锋相对。

值得注意的是，到目前为止，针对中国产品的反倾销和反补贴税命令的数量是最大的。在撰写本文时，针对中国产品总计有94份反倾销税命令和27份反补贴税命令。这121份命令占未完成的297份反倾销和/或反补贴税命令的40%以上。[④]

显然，作为在美国单独销售的产品或作为在美国制造的产品的投入，施加惩罚税会对需要将物品带入美国的商业计划产生影响。

通常其中一个命令将包含与命令有关的所有《美国统一关税编码》的提及。这一事实很值得重视，即命令不明确适用于《美国统一关税编码》的分类，而是仅针对命令中详细描述的具体物品。然而，在与日俱增的大数据时代，命令中提及的《美国统一关税编码》分类中的任何产品，将越来越有可能在运输中被视为潜在的反倾销或反补贴税物品。

目前在世界贸易组织范围内的争端之一是对来自中国的产品征收反倾销和反补贴税。正如彼得森国际经济研究所在其最近关于此课题的报告中所指出的：

> 2001年中国加入世界贸易组织的条款授予了世界贸易组织成员将

---

① 7 U.S.C. § § 136 et seq.

② 15 U.S.C. § § 2601 et seq.

③ 42 U.S.C. § § 6901 et seq. 详见 Damon V. Pike and Lawrence M. Friedman, Customs Law (Durham, North Carolina, Carolina Academic Press, 2012), pp. 751-758.

④ www.usitc.gov/tariff_affairs/nontariff_duty_finder.htm，检索于2016年10月。

中国视为“非市场经济体”的权利。但中国现在认为,这一权利将于2016年12月截止,届时,中国的贸易伙伴必须承认其“市场经济地位”。欧美官员反驳说,中国政府在补贴和监管中国出口行业中的巨大作用意味着中国必须继续保有“非市场化”地位,在倾销案件中应征收更高的税。[①]

鉴于贸易量以及美国与中国贸易中所涉及的大量反倾销和反补贴税,世界贸易组织内部的这一争端将可能是真正紧张的持续来源。

---

① piie. com/blogs/trade-investment-policy-watch/chinas-market-economy-status-and-anti dumping -100-billion-10,检索于2016年10月。

第三章　外国直接投资制度与法律

审查外国直接向美国投资的起点是分析美国外国投资委员会(CFIUS)程序的可适用性和根据该程序可能取得的成果。还有一些其他联邦层级的法规和要求。而作为一种详细分析,审查工作需要考虑到美国的法律体系有联邦法律,而且也有非常重要的州(和地方)法律。例如,一般来说,州法律规定用作投资工具的法律实体的属性。而且使事情变得更加复杂的是,美国有 50 个州,每个州都有自己的法律版本。在本章中,我们将在普遍适用的条款层面对州法律进行讨论。

第一节　美国外国投资委员会(CFIUS)

美国对其入境投资的监管最具有争议性的一个方面是美国外国投资委员会。这一程序并不适用于所有的入境投资,但其参数模糊不清,并且其结果不可预测。这是一个经典的官僚制裁,通过交易服从减轻或改善对国家安全可认知的影响的官僚谈判,可被用于减缓或阻止任何交易。

美国外国投资委员会是一个拼凑在一起的行政部门程序性结构,其运行范围或方式几乎没有法律限制。它始于 1975 年由福特总统发布的行政命令,并受到国会行动的两次支持,包括 2007 年《外国投资和国家安全法案》(FINSA)。[1] 尽管国会采取行动来支持美国外国投资委员会,但该程序仍然

① (Pub. L. 110－49, 121 Stat. 246, enacted July 26, 2007). FINSA contains amendments to the Defense Production Act of 1950 (50 U. S. C. App. 2170).

是行政措施。

在描述美国外国投资委员会程序的细节之前，我们将指出这个程序对美国的拟议交易产生影响的大量实例，本节重点介绍了美国外国投资委员会对中国投资者提出的交易的影响。

虽然美国外国投资委员会以一种随意的方式组合在一起，但现在，其在大多数外国对美国的重大收购中都是强大的影响因素。2016 年 10 月 25 日《金融时报》的一篇文章报道说，许多司法管辖区，包括美国在内，对中国投资者的收购行为增加阻力。2016 年《金融时报》报道一个已经被宣告而随后又失败的交易案例："……似乎，黑石集团，一个私募股权集团，已经放弃向中国安邦保险出售圣地亚哥的地标——德尔科罗纳多酒店的计划，该酒店位于一个敏感的海军基地附近。这是受美国国家安全关注的几个交易之一。"①

在实际上美国抵制中国投资的情况下，阻力将主要通过美国外国投资委员会程序在政府层面表达，因为美国外国投资委员会是随着时间的推移形成的，旨在防范对国家安全的任何威胁；并且因为美国外国投资委员会是一个法律与政治相结合的过程。在下文可以看到，几乎任何重要的东西都可以被认为是具有国家安全维度的。

一种反复论证在于中国企业与中国政府的关系过于紧密，所以以前并没有严重国家安全问题的"商业"交易却变成了与政府有关的对美国经济某个重要部门的侵犯。《华盛顿邮报》于 2016 年 4 月 1 日发表了一篇扎卡里·卡拉博尔的评论性文章，指出了这种越来越多的关注。② 在他看来，美国外国投资委员会程序中的阻碍严重损害了中国安邦保险对喜达屋连锁酒店的拟议收购。

通过来自各种政治人物寻求影响此程序的信件数量可知，美国外国投资委员会程序具有明显的政治性。很难评估这种公众来信的模式以及对参与美国外国投资委员会程序的人进行公开听证的影响，但是这种信件的事实增加了监管过程的政治影响，并使监管者的任务更具挑战性。

为了更好地理解这一细节，我们只需要看看日期为 2016 年 2 月 16 日的

---

① Gujarat NRE Coke Ltd v Coeclerici Asia (Pte) Ltd,[2013] FCAFC 109.

② https://acica. org. au/wp-content/uploads/Resources/Papers/ADRB-Vol. -2-No. -1-Australia. pdf.

信件,[①]美国众议院的46名成员要求对重庆财信企业集团(CCEG),一家中国公司,对芝加哥证券交易所的拟议收购进行“全面且严格的调查”。在那封信中,国会议员大力鼓吹这一主题,即美国人不确定中国政府在任何主要中国企业中发挥何种作用,如下:

> 美国市场几乎没有关于重庆财信企业集团的信息,而且该公司有许多中国公司传统的不透明品质。此外,根据初步报告,重庆财信企业集团的金融资产原本由中国政府所有,并且公司于1997年成立,旨在吸收国有控股资产。
>
> 虽然不清楚国家对重庆财信企业集团的影响程度,但该公司涉及一些可能需要与国家保持密切联系的重要中国部门,尤其是在国家敏感型的环境保护领域。此外,重庆财信企业集团的主席,卢生举,持有由重庆市市长直接监督的一个重要行业委员会的席位——意味着直接的政治联系。
>
> 如你所知,中国经济以国内企业的人为助推为中心。与其说坚持开放和自由的市场价值观,倒不如说此种表现是由中国政府在市场领域的主导地位产生的。
>
> ……如果你确定重庆财信企业集团与中国政府保持密切关系——并且因此与中国军方保持密切关系——我们将敦促美国外国投资委员会拒绝本次收购。

这些例子不局限于一个行业。

在技术行业中,有多个美国外国投资委员会对中国收购产生可能性影响的例子。并且这些只是公开的例子,我们不知道仍然保密的例子。

在2015年,据报道,清华紫光集团希望对美国半导体制造商美光科技进行重大收购。据报道,美光公司拒绝进行讨论,基于其认为拟议交易将面临美国外国投资委员会程序的严格审查。[②] 对于美国外国投资委员会审查影响的类似担忧显然会对仙童半导体和西部数据,一家硬盘驱动器制造商,产生一种激冷效应。[③]

在一家于美国营业的荷兰公司的案例中,飞利浦在2015年提出向一家中

① http://asic.gov.au/regulatory-resources/financial-services/dispute-resolution/asic-approved-dispute-resolution-schemes/.

② 示范仲裁条约可访问 https://acica.org.au/acica-model-arbitration-clause/。

③ Karabell Washington Post, Ibid.

国公司出售与其LED灯泡业务相关的重大利益。宣布终止该交易后，飞利浦引用美国外国投资委员会的压力作为终止交易的原因：

> 阿姆斯特丹，荷兰—皇家飞利浦公司（NYSE：PHG，AEX：PHIA）今日宣布，飞利浦和金沙江创投已经终止了约定由金沙江创投领导的财团收购流明80.1%股权的协议。
>
> 尽管飞利浦和金沙江创投为减轻美国外国投资委员会（CFIUS）的担忧做出了广泛的努力，但是这一特殊交易尚未被授予监管许可。①
>
> 非常重要的是，飞利浦的拟议交易涉及全球业务，而不仅仅是美国业务。流明在全球30多个国家开展业务，并且在全球雇用了大约8800名员工。②

美国外国投资委员会程序具有全球影响，因为有许多交易在美国有重要的因素，并且如果没有关于该因素的许可，整个交易可能会失败。

即使美国外国投资委员会程序取得了积极的成果，但这可能还是一个漫长而困难的过程。以下简要描述这一程序，甚至涉及国会听证会。案例是2013年双汇国际控股有限公司收购史密斯菲尔德食品公司，后者是一家重要的美国猪肉产品生产商。

> 双汇和史密斯菲尔德在5月份公开宣布拟议交易，注意到两家公司自愿将交易提交给美国外国投资委员会的成员政府机构进行审查。双汇对美国市场最大猪肉生产商的潜在收购触发了国会审查的紧张时期，包括将这些交易对食品保障与安全的影响作为重要政治问题的公开听证会。
>
> 奥巴马政府对国会的压力做出了预见性的回应，因为美国外国投资委员会在7月进行了第二阶段——对史密斯菲尔德拟议收购的为期45天的调查。美国外国投资委员会于9月初批准交易，据报道，不要求公司就史密斯菲尔德美国资产的管理或运营订立所谓的《缓解协议》。③

---

① www.philips.com/a-w/about/news/archive/standard/news/press/2016/20160122-Philips-and-consortium-led-by-GO-Scale-Capital-terminate-Lumileds-transaction.html，检索于2016年10月。

② Ibid.

③ http://www.alston.com/Files/Publication/35883a53-e590-43b1-9358-cb99c6a24ae9/Presentation/PublicationAttachment/91158cde-72ed-414a-84d3-cfcede58524b/Smithfield%20CFIUS-eng.pdf，检索于2016年10月。

有利于史密斯菲尔德食品有限公司的一个因素是广泛的现行食品安全监管，其减轻了由外资控制的制造商所掌握的关于食品安全的政治压力。然而，对食品制造商的收购会引起持续担忧和公开的国会听证会，以及与美国外国投资委员会代表的广泛谈判，这一事实显示出对商业交易，尤其是涉及中国收购者的商业交易的潜在巨大影响。

当然，即使我们只关注食品行业，重要的是也要注意到，在中国化工对先正达公司的极大拟议收购情况下，美国外国投资委员会程序在2016年8月顺利完成，[①]但交易仍然面临着通过欧洲结算审批的巨大困难。

从上述国会议员的信件往来可以明显地看出，许多美国外国投资委员会事务都有一个主题，即一个中国企业本身恐怕不是一个独立因素，而是某个政府机构的隐藏代表。因此，接受美国外国投资委员会审查的交易并非是纯粹的商业交易，而是由外国政府的某个方面接管美国业务——自动引发了大量的、在纯粹的商业交易中不会产生的对国家安全的担忧。

而国会扩大和延伸美国外国投资委员会进程的压力正在加速。政府责任办公室(GAO)刚刚承认，其将启动美国外国投资委员会审查，在某种程度上作为对2016年9月15日来自16位国会议员信件的回复，信件所言审查应当部分进行，“尤其是鉴于在指定的国家中，中国和俄罗斯的国有企业和国家控制企业的增长”。这封信表明了政府责任办公室审查的9个方面。

• 我们的现有程序(包括美国外国投资委员会、出口管制、网络安全和反间谍)足以维护受到大规模在美国的中国商业和经济活动威胁的国家安全利益吗?

• 美国外国投资委员会审查的范围是否会阻断中国天使/风险投资基金在美国建立或在技术加速器和孵化器方面的投资？有理由相信会吗?

• 联邦调查局(FBI)局长、联邦通信委员会(FCC)主席、农业部部长和食品和药物管理局局长应加入美国外国投资委员会吗?

• 劳工部部长和/或国家情报局局长应以投票方式入会，而不是依照职权入会吗?

• 应特别考虑来自指定国家，特别是中国和俄罗斯的受国家控制的公司吗?

---

① www. syngenta. com/media/media-releases/yr-2016/2016-08-22，检索于2016年10月。

• 来自指定国家的外国收购应强制性,而不是自愿性地通知美国外国投资委员会吗?

• 应扩大对国家安全的定义,以消除对媒体和"软实力"机构进行宣传和控制的顾虑吗?

• 作为国家扩大影响力的战略计划的一部分,外国公司获得补贴以获得进入美国市场的程度应被视为美国外国投资委员会审查的一部分吗?

• 支持美国外国投资委员会可能关注的外国并购重大增长的适当员工人数是多少?

特别重要的是这封信中对国家控制的强调。一旦商业交易与国家行为者联系在一起,国家安全维度就会参与其中。

此外还有其他一些主题开始在美国外国投资委员会程序中发挥一些作用,这些是国际外交界的传统主题。其中之一是互惠的主题。有趣的是,这个互惠主题本身在确定国家安全方面没有任何作用,但它对公平的呼吁是一种有吸引力的政治性呼吁。

实质上,美国外国投资委员会作为旨在履行职责的行政部门代表的多机构委员会而设立。该多机构委员会,即官方的在美国境外国资委员会的会员如下:

> (2)会员。委员会由以下会员或任何该会员的指定人组成:(A)财政部部长;(B)国土安全部部长;(C)商务部部长;(D)国防部部长;(E)国务卿;(F)美国司法部部长;(G)能源部部长;(H)劳工部部长(非当选,依职权);(I)国家情报局局长(非当选,依职权);(J)任何其他行政部门、机构或办公室的负责人,通常由主席决定或逐案确定适用。

财政部部长被任命为美国外国投资委员会的主席。

请注意,美国外国投资委员会的所有成员都是美国总统的政治任命者。还要注意到,总统可以在美国外国投资委员会会员中增加任意数量的额外会员,即使是通过逐案的方式。这是对行政部门的大量授权或承认其现存的权力,以阻止任何与美国外国投资委员会确定的标准相抵触的外国对美国的投资。

虽然要求国会根据美国外国投资委员会的程序做出报告,且国会议员可以要求美国外国投资委员会采取行动,但总统有反对交易的最终权力:"……总统可以在其认为适当的时候采取适当的措施暂停或禁止有损美国国家安全的任何关联交易。”[①]

总统行动仅受到为了采取行动而必须做出的某些“发现”的约束：

> 总统的发现。总统可以行使第(1)款授予的权力，只要总统发现：(A)有可靠的证据使总统相信执行控制的外国利益可能采取威胁损害国家安全的行动；(B)本节和《国际紧急经济权力法案》之外的法律规定没有在总统的判断中向总统提供充分且适当的权力，使其面对该事宜时能保护国家安全。[②]

总统根据其在美国外国投资委员会里的职责所采取的行动，被明确规定不受司法审查。[③]

总之，美国外国投资委员会中的最终权力是总统权力，并且它是一个政治程序。

但是，美国外国投资委员会程序是“自愿的”。没有人需向美国外国投资委员会申请审查。但是，一个没有提交自愿通知的外国投资者有可能面临着由委员会启动美国外国投资委员会程序的危险。实质上，交易会永久地受到追溯审查，在任何时候，伴随任何后果。这需要承担巨大风险。并且，在将来投资者想要从事另一笔交易，如出售业务的任何时候，想要购买业务的人都必须评估和处理卖方对业务的所有权和控制权，将永远受到联邦政府的不利审查的风险。

这一切似乎是一个恶劣且极端的过程，所以从事交易的实体寻找方法来限制美国外国投资委员会对任何特定交易的可适用性。

限制美国外国投资委员会适用的第一个也是最合乎逻辑的方法，是仅将其适用于某种大规模或有市场影响力的交易。但是，由于美国外国投资委员会并不是一种明确的经济监管，而是国家安全监管，那么将审查仅仅限于重大交易的正常结构是不存在的。关于如何将监管审查限于重大交易的一个很好的例子是当监管是出于经济动机时，请参阅下面关于“哈特-斯科特-罗迪诺”审查的讨论。

试图对美国外国投资委员会的范围施加合理限制的下一步是转向其定义。

---

① Section 6 of FINSA.

② Ibid.

③ Ibid.

"国家安全"的定义没有限制。《外国投资和国家安全法案》没有对"国家安全"进行定义。然而，国家安全的两个要素却在很广泛的范围内展开。

"关键基础设施"的定义如下："关键基础设施"一词意味着，根据依照本节颁布的规则，制度和资产，无论是实体的还是虚拟的，对美国都至关重要，以至于这种制度和资产的无能或破坏将对国家安全造成削弱性的影响。"[①]

"关键技术"的定义如下："'关键技术'一词是指根据本节确定的国防必备的关键技术、关键部件、关键技术物品……"[②]

美国外国投资委员会的应用范围极为广泛，因为它的应用与任何国家安全的概念一样广泛。

例如，美国外国投资委员会所需审查的与其关于国家安全影响所做的评估相关的11个因素如下：

(1)预期国防要求所需的国内生产；

(2)国内产业满足国防要求的能力和规模，包括人力资源、产品、技术、材料以及其他用品和服务的可获得性；

(3)外国公民对国内工业和商业活动的控制，正如其对美国满足国家安全要求的能力和规模的影响；

(4)拟议或未决交易对向某些国家销售的军用物资、设备或技术的潜在影响；

(5)拟议或未决交易对美国国际技术领导在影响美国国家安全的地区的潜在影响；

(6)对美国关键基础设施，包括重要能源资产潜在的与国家安全相关的影响；

(7)对美国关键技术潜在的与国家安全相关的影响；

(8)根据本条(b)(1)(B)款确定的关联交易是否为外国政府控制的交易；

(9)酌情而定，并且尤其是关于需要根据本条(b)(1)(B)款进行调查的交易，对(外国与美国的关系与合作)现状评估进行审查；

(10)美国对能源和其他关键资源和物质的来源要求的长期预测；

(11)总统或(美国外国投资委员会)可以决定此类其他因素是合理

---

① Section 2 of FINSA.

② Ibid.

的,通常是一项具体的审查或调查或者与一项具体的审查或调查相关。①

鉴于这种广泛的应用,涉及拟议交易的设施位于敏感的军事或通信或电力设施附近的事实,触发了对国家安全的关切也就不足为奇。在2012年的总统竞选活动中,显示出这一事实的情况也同样不足为奇。

在2012年6月,罗尔斯向美国外国投资委员会提交了25页的通知,通知罗尔斯在3月份对项目公司的收购。罗尔斯是一家美国公司,在特拉华州注册成立,其主要营业地点位于佐治亚州。罗尔斯由2名中国公民段大为和吴佳梁所拥有。段先生是三一集团,一家中国制造业公司的首席财务官,并且在交易时,吴先生是三一电气有限公司的副总裁兼总经理。② 罗尔斯致力于风力发电业务,其遭受不幸的是为该业务收购的土地在美国海军(海军)维持的有限空域和轰炸区东部地区附近。在美国外国投资委员会采取各种行动之后,奥巴马总统禁止该拟议交易。

在分析是否需要根据美国外国投资委员会条款要求“自愿”申请以避免交易可能受到挑战的风险时,需要考虑几个实际问题。美国外国投资委员会是一个法律和政治结合的程序。因此,法律和政治因素都需要加以分析。

关于法律因素,首先是交易是否是“关联交易”。该术语在美国外国投资委员会立法中的定义如下:“‘关联交易’一词是指在1988年8月23日以后,由或者和任何外国人提出或未决的任何合并、收购或接管,这可能导致对在美国从事州际贸易的任何人的外国控制。”③

此定义侧重于对“从事州际贸易的人”进行收购。因此,美国外国投资委员会未涵盖的第一类交易将是经典的“绿地”交易,有时也称之为初创交易。在此交易中,在美国收购原始资产的外国人尚未构成从事州际贸易的“人”。比如这可能就是收购一片原始的土地。关于这个例外的讽刺的事在于,罗尔斯公司自己可能已经直接收购军事设施附近的相同土地,而不会引发美国外国投资委员会审查,而不是公司所声称的从未收购会引发CFIUS审查的拥有该片土地的业务。

---

① 50 U.S.C. app. § 2170(f).

② 事实可详见 Ralls Corporation v. CFIUS, United States Court of Appeals for the District of Columbia decided July 15, 2014; www.cadc.uscourts.gov/internet/opinions.nsf/B27E81AF31E360DA85257D16004E43E7/$file/13-5315-1502552.pdf。尽管CFIUS案的诸多方面不属于司法审查,但也可根据美国宪法有关合理程序的条款审查其中某些方面。

③ Section 2 of FINSA.

条例给出如下不会引发美国外国投资委员会审查的“绿地”投资的例子：

例 3：A 公司，一个外国人，在美国进行创业或“绿地”投资。投资涉及单独安排工厂的融资建设这类活动，旨在制造新产品、购买物资和投入、招聘人员以及购买必要技术。该投资可能涉及收购新成立的子公司的股份。假设没有其他相关事实，A 公司将不可能收购美国业务，而且它的绿地投资不是关联交易。①

关联交易与非关联交易之间的差异可能是一个微妙的问题，但是，如条例中所包含的以下两个示例所指出的，在州际贸易中收购资产或资产组的控制权和收购对企业的控制权的区别：

例 6：X 公司，一名外国人，寻求从 A 公司，一家美国公司，收购位于美国的空仓库设施。该收购仅限于物理设施，不包括客户名单、知识产权或其他专有信息，以及其他无形资产或人员转让。假设没有其他相关事实，该设施不是一个实体，因此不是一个美国公司，并且该设施的拟议收购不是关联的交易。

例 7：事实与示例 6 相同，除了建议收购 A 公司的仓库设施之外，X 公司将收购用于操作该设施的人员、客户名单、设备和库存管理软件。根据这些事实，X 公司正在收购一家美国公司，并且该拟议收购是一项关联交易。②

在诸多其他分析中还有一些类似的分析，需要仔细审查是否涉及“外国人”，以及是否涉及“控制”等。

在是否涉及“控制”的分析范围之内，包含非“控制”性收购的整个投资领域。上述国会信件中提到对投资领域的关注日益增加，其中包括作为建议研究的一个领域的问题如下：“美国外国投资委员会审查的范围是否包括在美国建立的中国天使/风险投资基金对中国技术加速器和孵化器的投资？有理由相信应该包括吗？”③

---

① Section 800. 301 of CFIUS Regulations, https://www. treasury. gov/resource-center/international/foreign-investment/Documents/CFIUS-Final-Regulations-new. pdf, retrieved October 2016.

② Section 800. 301 of CFIUS Regulations, https://www. treasury. gov/resource-center/international/foreign-investment/Documents/CFIUS-Final-Regulations-new. pdf, retrieved October2016.

③ 2016 年 9 月 15 日皮廷格信函，Ibid.

只要没有获得“控制”，少数投资就不会受到美国外国投资委员会的审查。

决定是否涉及“控制”是一个非常复杂的问题，部分原因在于操纵投资者有权控制的决定是许多投资谈判的共同因素。这些谈判可能会受到避免美国外国投资委员会下的关联交易的努力的影响。因此，条例花费大量时间讨论和举例说明，即使投资少于10%的所有权或总体投票权也构成美国外国投资委员会目的下的“控制权”，因为少数人的权力是影响业务的“重要事项”，其中许多事项是根据监管机构在谈判和达成商业交易中的经验来规定的。

尽管确定“控制”具有复杂性和不确定性，但是有些情况下可能会发生美国外国投资委员会未涵盖的重大投资交易，特别是如果这样的话，在规划和实施结构时要极为小心。

例如，参照条例中“控制”定义下所提供的关于规划中差异的两个对比示例：

> 例1：A公司是美国企业。外国投资者拥有A公司50%的投票权益，并且剩下的投票权益由5名无关联外国投资者持有。外国投资者共同出资投资A公司，并作为一个单一的整体对影响A公司的事项进行投票。外国投资者有与A公司行为保持一致的非正式安排，并且，因此，外国投资者控制了A公司。
>
> 例2：与A公司股东的组成有关的事实与例1相同。公司A的外国投资者没有与公司A行为保持一致的合同或其他承诺，也没有做非正式的安排。假设没有其他相关事实，外国投资者没有控制A公司。[①]

但这个过程也是政治性的。有时法律分析可能真的不确定，或者如果外国人希望从事交易，可能会询问他们愿意承担的不遵守美国外国投资委员会的风险。如果选择在没有遵守美国外国投资委员会的情况下进行关联交易，则有一些因素能够帮助评估风险。

下行风险是一些事件引发交易中充分利益的一个功能，导致美国外国投资委员会自发启动程序，而无须双方自愿提交任何文件。美国外国投资委员会有权自发行动。

以下讨论假设交易符合根据美国外国投资委员会双方自愿备案，但双方正在评估是否愿意承担不备案的风险。

---

① https://www.treasury.gov/resource-center/international/foreign-investment/Documents/CFIUS-Final-Regulations-new.pdf，检索于2016年10月。

如果双方决定不备案，但是最终美国外国投资委员会决定应该备案，并且美国外国投资委员会将自发采取行动审查交易，那么双方则处于消极姿态，因为它们似乎在合规和监管事项方面都不可靠。

几乎肯定的是，如果交易引发了"哈特-斯科特-罗迪诺"备案（见下文），那么双方很可能会向美国外国投资委员会备案。"哈特-斯科特-罗迪诺"备案要求表明，拟议交易需具有足够的规模和市场重要性，使得联邦政府希望对其进行审查——即使所有有关各方都是国内的。为向美国外国投资委员会备案而必须整合在一起的大部分信息，在"哈特-斯科特-罗迪诺"备案中也要以相同方式整合在一起。可延迟适当的时间。

必须对宣传的可能性，即美国外国投资委员会将会意识到一个交易甚至被某人询问交易的可能性产生的影响保持警惕。美国外国投资委员会在某种程度上是政治程序，媒体报道迫使政客采取行动。有很多因素会在这个分析中发挥作用。需要追踪的一个关键因素，不幸的是该因素不可预测，即拟议交易会在多大程度上引起国会议员的注意。从这个讨论前面所包含的信件的例子可以看出，美国外国投资委员会程序是政治和媒体报道的内容，并且如果一个交易在新闻媒体或其他媒体上公开，它很有可能会被一些当选的官员作为一个项目进行报道。

由于没能根据美国外国投资委员会进行备案，如果需要的话，对已经获得控制权的业务的最终所有权/控制权是永久性的缺陷，未来的业务运营可能会使业主在将来面临风险。例如，考虑如果企业以后希望竞标公共/私人基础设施项目的公共合同会发生什么？如果竞争对手按相关政府机构质疑原始收购业务是否应该受到美国外国投资委员会的审查？对于美国外国投资委员会，我们根本没有足够的经验去预测几年前所谓的没能自愿备案在将来会产生什么后果。

不需要一个特别保守的顾问来发现自愿备案，尤其是来自目前有争议国家的公司的备案，是更合乎逻辑的行动方针。

第二节　其他联邦层级规定的一般适用性

只要任何收购或合并影响州际贸易，1976 年的《哈特-斯科特-罗迪诺反垄断法改进法案》都可能要求向司法部和联邦贸易委员会备案。[1] 这些备案需

① 15 U.S.C. § 18a et seq.

要涉及至少一个实质性参与者的任何实质性交易，并且用于计算交易或参与者是否重要的金额是复杂且难以描述的。

一个交易是否需要备案是通过两个非常复杂的测试间的相互作用来确定的，这两个测试通常一方面被称为交易的大小，而另一方面被称为交易方的大小。

作为一般事项，如果交易涉及重大交易方，并且交易规模大约在 7800 万美元，那么备案和所需的等待期间则是强制性的。无论交易方的规模如何，如果交易规模超过 3.12 亿美元，则需要进行备案。①

因为交易方的规模，换句话说，交易方的重要性，对于交易而言一般都是以在美国的销售额或资产为基础的，所以重要的是要注意到，相当大规模的外国交易方在理论上可以收购小规模的美国交易方而不触发所需的备案和等待期。因此，即使交易方不是一个足够大的美国交易方，不能满足通过交易方规模测试来触发备案，但是只要是交易规模超过 3.12 亿美元就会触发备案。②

任何具体交易都有需进行详细分析的例外和其他复杂性，但这些是一般规则。

不同于美国外国投资委员会程序，其由非常广泛而模糊的国家安全标准驱动，且有很少的法庭或其他法理学指导。"哈特-斯科特-罗迪诺"程序是一个以竞争法为基础的程序，它以与在美国的收购有关的多年的竞争法判例为基础。这并不能保证其公平性或可预见性，但它确实有助于使"哈特-斯科特-罗迪诺"程序与上述美国外国投资委员会程序中的一些过度的政治压力相隔离。

第三节　受制于美国制裁的法律

在美国进行投资很容易忽视投资对投资者业务的一个方面符合美国制裁规则的影响。

作为投资一部分的美国实体，将与任何其他美国人一样，受制于美国政府的制裁制度。并且会使得作为雇员的美国个人公民也受制于那些制裁制度。

---

① www.cooley.com/news/insight/2016/2016-01-26-revised-2016-hsr-antitrust-thresholds-effective-feb-25-2016，检索于 2016 年 10 月。

② Ibid.

因此，将其现有业务的一些国际方面转移到其新的美国人或实体业务中去的投资者，可能会使该企业受制于整组制裁禁令和规定。

第四节　受制于美国反海外腐败和贿赂法

在美国进行投资很容易忽视投资对业务的一方面受制于《美国反海外腐败和贿赂法》。

作为投资一部分的美国实体，将与其他美国人一样受制于美国政府禁止外国腐败行为和贿赂模糊且非常广泛的规定。如上所述，投资者的新美国实体将很可能使美国个人公民成为雇员，他们也受制于这些规则。在这个问题上特别受关注的一个领域是，没有美国链接或联系的完全外国公司集团，只能通过在其个人资料中添加美国子公司或美国员工来发现自己受到美国法律风险的影响。

例如，1977 年的《反海外腐败法案》(已修订[①])，仅适用于涉及美国人的情况，但有扩大的理论，例如试图将美国人与外国人的行为结合在一起，以创造一个受制于《反海外腐败法案》的单一情况的阴谋。需要更加小心地将全球业务中的美国人和因素，与全球业务在世界其他地方采取的可能被视为违反《反海外腐败法案》的行动分离开来。

涉及美国法律对集团的国际业务方面的潜在适用性的情况，强调了对投资方式进行全面审查的重要性。事实上，美国具有域外适用的制定法，并且作为投资者全球结构的一部分的重要美国运营实体，可以参与美国境外的许多活动，这一事实使得对其而言制定行为守则和程序以保护其所认为的完全在美国境外的活动免受美国法律突袭则尤为重要。

第五节　特定行业所有权限制

在美国特定行业的企业所有权方面只有少数几个法律限制。它主要是一个开放的系统，允许对国外任何类型的企业进行投资。

对外国所有权拥有限制的行业往往对某些自然资源、通信、航运、核能、其

---

① 15 U.S.C. § § 78dd-1, et seq.

他发电设施以及航空的开发具有可预见性。例如在广播电台所有权方面，联邦通信委员会(FCC)根据1934年《通信法》第310条(b)项(4)款[①](已修订)，限制了外国所有权或投票权益超过控制广播(和某些其他类型的)联邦通信委员会许可证持有者的美国有组织实体资本的25%，只要联邦通信委员会认为实施这种限制符合公共利益。此外，美国政府问责署总结了下述各种限制："……具体限制外国投资的部门包括运输、通信和能源。例如，不得向外国政府发放无线电通信许可证，并且外国实体不得拥有或控制任何美国航空公司25%以上的投票权益。"[②]

一般来说，限制是对所有权百分比的限制。在核领域，有一个对外国所有权的一般禁令。美国核管理委员会的条例规定如下："任何外国公民、国家或外国的代理人，或任何公司或其他实体，委员会知道或有理由相信其由一个外国人、一家外国公司或一个外国政府拥有、控制或主导的，没有资格申请和领取执照。"[③]

第六节 投资实体选择——一个州法律的问题[④]

规划中常见问题的源头在于哪些实体可以选择使用，对于美国大多数实体的会员、股东、管理人员或董事几乎没有居留要求。与澳大利亚或荷兰不同的是，投资者不可能面临着通过聘请当地居住的专业人员，甚至是本地雇员来履行法律要求，以使得美国公民担任董事、管理人员或股东。

与许多其他国家不同，在美国，公开披露一个实体的股东、成员、董事或高级管理人员的程度因州而异。事实上，在美国的一些州，这些基本信息根本不是公共信息。在下文所讨论的金融机构为遵守反洗钱条例所要求的，对在美国若干州，包括特拉华州和怀俄明州等，形成的私营公司的尽职调查中，关于究竟谁拥有该实体的信息是不可公开获得的。对所有权和董事或高级管理人

① 《纽约公约》第2条第2款，http://www. newyork convention. org/english，检索于2016年10月。

② http://www. gao. gov/products/GAO-09-608，检索于2016年10月。

③ http://www. nrc. gov/reading-rm/doc-collections/cfr/part050/part050-0038. html，检索于2016年10月。

④ 《纽约公约》第2条第2款，http://www. newyork convention. org/english，检索于2016年10月。

员的机密处理程度是决策的一个因素，这是一个应该探索美国各个司法管辖区所提供的替代方案的领域。

如下所示，进入美国金融体系可能涉及进行彻底的尽职调查程序，要求向金融机构披露不可公开获得的细节。如果投资者设立的实体寻求成为根据1933年《证券法》和1934年《证券交易法》设立的向公众出售证券的意义上的实体，那么关于受益所有权和内部人员的大量信息必须公开披露。

在私营情况下，不要求将财务报表向公共记录备案。实体将和其他国家一样拥有纳税申报表和财务报表，但没有公开披露的一般要求。通常要求有关于授权资本结构或有时是已发行资本结构的披露，尤其是在公司资本税的情况下。但是，不可能面临有时在其他国家会出现的、涉及法定公开备案账簿和公共会计师的要求。

关于所有权人和内部人士权利和责任的详细文件，此处同样很少有公开披露。确实，公司章程或执照通常是公开记录，但一般来说，附则和股东或成员协议以及相关的投票权和购买选择权不是公开记录。一个例外是公司中优先股的单独类别，其中优先股的指定证书经常是公开记录，因为它们是资本结构的问题，并且是对公司的条款或执照的修改。

此外，公司或有限责任公司的组建尤为直接。它可以在一天中以非常适中的成本完成。例如，有时在大陆法管辖区内，不要求一个公司有2名股东。而且不需要冗长的授权书和与公证和合法化相关的签名事宜。

考虑到这些初步事项，在描述的各实体的一般方面时应当考虑其对美国的直接投资，包括从公司向普通和有限责任合伙，有限责任公司以及自身可能不是独立法人实体的合资企业进行投资。每个州有这些规则的不同版本，因此在美国决定实体对其业务适用何种规则时，有必要分析实际的州法律。

一、公司

公司是通过向国家有关当局，通常是国务卿提交公司章程或公司登记执照（公司章程）设立的。公司章程通常必须由一个或多个可以是律师或会计师或其他对公司无利益的服务提供者签署。一般来说，有适度的申请费。除非在公司章程中规定了日后的生效日期，否则公司在提交公司章程时就开始存续。

公司章程通常必须包括以下内容：公司的正式名称，授权公司发行的股份数量和关于任何类别股票的信息，以及此类类别的任何偏好、权利和限制，公司非商业注册代理人的街道地址和名称，或公司商业注册代理人的姓名以及每个注册人的姓名和地址。公司章程可包含初始董事的姓名和地址、公司的宗旨、管理和权力，允许或要求在附则中提出的某些规定，限制董事责任的某些规定以及要求公司因特定义务向董事赔偿的规定。通常公司的名称必须包含“法人”“股份有限”“公司”或“有限”这些词，或这些词中某个词的缩写，并与在注册州组织或有资格做生意的实体的名称不同。

公司章程附则无须向公开记录备案，但必须由公司创始人或董事会通过。附则可能包含与适用法律或公司章程不一致的管理业务和管理公司事务的任何条款。一般来说，附则可由董事会或股东修订，但是，附则或公司章程可以规定，只有股东有权修改附则。

除非在公司章程中把权力保留给股东，否则董事会经充分考虑有权发行公司股份。公司必须授权一类或多类作为一个整体拥有无限投票权的股份，以及一类或多类作为一个整体有权在公司解散时收到该公司净资产的股份。公司可以收购自有股份，由该公司收购的股份构成已被授权但未发行的股份。有限责任是注册成立的关键方面。

股东不因其股份而对公司或其债权人负责，除非支付被授权发行股份的对价。此外，股东对公司的行为或债务不承担个人责任，除非因其自己的行动或行为可能会承担个人责任。一般来说，股东依照在有法定出席人数的会议上以多数票通过的决议行事。除非公司章程或可适用法律另有要求，法定人数为股东有权投票数的大多数。

除非董事以书面同意方式选出，否则一般情况下，公司必须在附则规定的时间和地点举行股东年会。在年度会议上，股东选举董事会。除公司章程另有规定外，董事一般由有法定出席人数的会议上的多数票选举产生。而且一般来说，公司必须举行特别股东大会，如果：(i)董事会召集或公司章程或附则授权的人；(ii)除非公司章程另有规定，10%或以上的投票权股东有权对拟在特别会议上审议的问题提交召开该会议的书面请求。作为实际会议（年度或特别）的替代方式，股东可以通过一致书面同意行事。

一般来说，公司必须有董事会，董事会必须管理和指导公司的业务和事务。如果公司章程没有任命初始董事会，则该公司应当选举初始董事会。董事会必须由公司章程或附则中规定的1个或多个人组成。董事必须在第1次年度股东大会及其后的每个年度会议上通过选举产生，除非该公司在其章程中为其董事提供了交错式任期。董事可以在出席法定人数的董事定期或特别会议上通过决议行事，董事可以通过一致书面同意行事。董事应善意履行董事的职责，并以董事合理相信符合公司最佳利益的方式履行职责。

公司通常有总裁、副总裁、秘书和财务，并可能有公司章程或附则中规定的董事会主席、财务总监或其他人员。但所有这些人员不都是必需的，一个人可能会身兼数职。一般情况下，股东必须对某些基本事项进行表决，例如修改公司章程（例外情况除外）、兼并和股权置换（例外情况除外）、出售、租赁、交换或其他将使公司没有重大的持续经营活动的处置公司资产的行为以及解散。一般情况下，所有其他事项均在董事会的职权范围内，董事会可以授权某些主管机关在公司正常业务过程中采取行动。

二、一般和有限责任合伙

合伙是由 2 个或多个人作为共同所有人开展业务而设立的组织。一般来说，州法律不需要一般合伙向任何政府机构备案或注册。为了确定是否形成合伙，州法律将着眼于：(i)各方的意图；(ii)对企业的控制；(iii)利润的分享。

每个合伙人都是合伙的代理人，合伙人履行合伙经营业务的行为对合伙有约束力。除特定情况外，普通合伙的每个合伙人均应对合伙的所有债务和义务承担连带责任。

为设立有限责任合伙，必须向国家机关提交有限责任合伙证书，通常是国务卿。有限责任合伙必须至少有 2 个合伙人，至少有 1 个人必须是普通合伙人，并且至少有 1 个人必须是有限合伙人。有限责任合伙证书必须说明有限责任合伙的名称和某些其他身份信息，这些信息因州而异。有限合伙人不仅仅因其是有限合伙人而成为有限责任合伙的代理人。有限责任合伙的债务和义务不是有限合伙人的债务和义务，而有限合伙人不仅仅因其是有限合伙人或作为有限合伙人行事，而对合伙的债务和义务承担个人责任，即使有限合伙人参与有限责任合伙的管理和控制。每个普通合伙人都是有限责任合伙的代理人。每个普通合伙人在有限责任合伙的活动和事务的管理和实施方面享有同等的权利。除特定情况外，普通合伙人对于有限责任合伙的全部债务和义务均应承担连带责任。

三、有限责任公司

为设立有限责任公司(LLC)，必须向有关国家机关，通常是国务卿提交设立证书。除非在设立证书中规定日后生效日期，否则有限责任公司在提交证明时开始存续。设立证书必须列出有限责任的名称和某些其他因州而异的识别信息。

有限责任公司的成员可以订立经营协议，以管理有限责任公司的事务、有限责任公司的业务执行、有限责任公司成员之间的关系以及有限责任公司成员与有限责任公司之间的关系。一般来说，经营协议必须首先由所有成员通过，除非设立证书或经营协议另有规定，对经营协议的任何修改必须得到所有成员的同意。除经营协议规定由经理或经理们管理有限责任公司外，有限责任公司的管理权归属于其成员。一般来说，如果有限责任公司没有经理，每个成员都是执行有限责任公司业务和事务的代理人。除非设立证书或经营协议另有规定，否则有限责任公司如果有经理人员，那么任何成员(作为成员行事)均不是有限责任公司的代理人。

除非设立证书或经营协议另有规定，否则每个成员均按照其在有限责任公司的利益比例进行投票。设立证书或经营协议可以规定成员的类别和成员的相对权利和义务(包括投票权)。有限责任公司的管理权只有在经营协议或设立证书中规定时才归属于经理。一般来说，如果有限责任公司有经理，那么每个经理都是有限责任公司的代理人。除非设立证书或经营协议另有规定，否则经理由成员选举产生。成员不仅仅因其是成员而对有限责任公司因合同、侵权或其他方式产生的任何债务、义务或责任负责。

有限责任公司中的“财务利益”是对有限责任公司的利润、亏损和分配的分红权。财务利益可能由有限责任公司的成员和非成员享有。除非有限责任公司的设立证书或经营协议另有规定，否则财务利益是可转让的。“治理利益”是成员作为有限责任公司中成员的权利，而不是上述的财务权利。只有成员在有限责任公司享有治理权或拥有治理权益。

四、合资企业

在国际交易中经常使用“合资企业”的概念和语言。重要的是要明白：“合资企业”一词就像“战略联盟”或其他类似术语一样，不能像它们描述一种当事人之间期望的关系一样描述一种法律实体。虽然合营各方可能会决定以法人团体等特定法律实体的形式设立合资企业，但合资企业仅仅是一个不构成独立实体的合约协议的情况也很常见。

事实上，如果合资企业各方不希望合资企业本身是一个实体，它们将非常小心地在合同协议中包含对合同安排旨在建立合伙的明确否认。这很有用，因为合同安排在某些情况下可能被视为某些州法律下的“合伙”，并且如果合同安排是合伙，那么合同安排的各方会在合同规定之外对彼此有信托义务。

第七节　经济统计档案局

经济统计档案局要求对外国人拥有的某些业务和资产进行备案。

经济统计档案局对 BE-13 表格备案的要求描述如下：

> 基本要求：要求美国实体进行报告，如果(1)该实体由外国人或实体收购或建立，导致外国直接投资关系的建立；(2)该实体是外国母公司的现有美国分支机构，并且建立了一个新的美国法人实体，以扩大其美国业务或收购美国的商业企业。外国直接投资的定义是拥有一个美国企业或非美国设立企业，包括分支机构等价利益的10%或更多的有表决权的外国人直接或间接的所有权或控制权。对于综合要求，请参阅在 BE-13 调查受访者信息页面上的“我要提交哪种表格？”。根据《国际投资贸易服务调查法》的规定，受制于 BE-13 报告要求的人员必须做出回应，不论其是否与东亚银行联系。此信息为机密信息，并将仅用于统计目的。①

还有季度备案。在本季度的任何时候，每个美国商业企业都需要提交一个表格 BE-605，在该企业中一个外国实体直接或间接拥有美国企业，或非美国设立企业，包括分支机构的等价利益的10%或更多的表决权。即使美国企业在报告期内可能已经被设立、收购、清算、出售或者停止运行，但仍需提交报告。②

经济统计档案局随后提取其收到的信息，并准备了关于贸易和投资的总体统计信息。例如，经济统计档案局发布的关于美国和中国间投资最新信息显示如下：

> 美国在中国的直接投资地位
>
> 在 2015 年，美国在中国(对外)的直接投资地位为 746 亿美元，比 2014 年增长了 10.5%。中国在美国(对内)的直接投资地位为 148 亿美

---

① www.bea.gov/surveys/pdf/be13/BE-13_filing_instructions_New_logo.pdf，检索于 2016 年 10 月。

② www.bea.gov/surveys/pdf/be10/be605_2.pdf，检索于 2016 年 10 月。

元，比2014年增长了50.6%。①

很难评估这些数字的整体准确性，但它们显示了中国投资者对美国投资超过50%的大幅增长。当你看到那种增长时，更容易理解美国的政治反应，正导致一些扩大和加强美国外国投资委员会程序的压力。

据经济统计档案局报道，美国与中国的贸易也有小幅增长，这已经导致美国的贸易赤字增加。据经济统计档案局报道："2015年美国对华出口商品和服务为1651亿美元，比2014年下降2.4%，并且从中国进口额为4992亿美元，比2014年增长3.2%。因此，与中国的贸易赤字增加到3141亿美元。"②

第八节　农业部关于农业土地外国所有权的报告

另有要求关于美国农业土地外国所有权的报告。

正如农业部自然资源分析小组的描述，其负责实施1978年成为法律的《农业外商投资披露法》以完成建立："……全国范围的收集有关美国农业土地的外国所有权信息的系统。条例要求外国投资者收购、转让或持有美国农业土地的利益，用《农业外商投资披露法》报表FSA-153向农业部部长报告此类持股和交易。"③

截至2014年12月31日的年度报告摘要如下：

> 截至2014年12月31日，外国投资者持有2670万英亩（1英亩约0.004等于平方千米）的美国农业土地（林地和农田），比2013年12月31日的报告（报告1A）增加了493807英亩，并且占美国所有私有农业土地的2.1%。这些和其他调查结果是基于1978年的《农业外商投资披露法》提交给美国农业部的信息。森林土地占所有报道的外国持有面积的51%，农田占20%，牧草和其他农业土地占27%，非农用地占2%。2000年至2006年，美国农地的外国持有比例相对稳定；在2006年至2007年

① www.bea.gov/international/factsheet/factsheet.cfm? Area=650，检索于2016年10月。

② www.bea.gov/international/factsheet/factsheet.cfm? Area=650，检索于2016年10月。

③ www.fsa.usda.gov/programs-and-services/economic-and-policy-analysis/afida/index，检索于2016年10月。

间，有360万英亩的显著增长。自2008年以来，每年大约有29000～150万英亩的温和增长。[①]

有趣的是，截至2014年12月31日年度的报告显示，来自中国的对美国农业和非农业土地投资者的所有权包括71个中国投资者，拥有252块总共191000英亩的土地，价值为1843274000美元。[②]

这是一个巨大的增长，特别是面积和面积价值的增长，从截至2010年12月31日的报告数量来看，当时只有67个中国投资者，75个块地共计13720英亩，价值81425000美元。[③]

在2年中，中国香港所有权与中国内地投资者所有权是分开显示的，并且没有反应在上述数字中。

① www. fsa. usda. gov/Assets/USDA-FSA-Public/usdafiles/EPAS/PDF/afida2014report. pdf，检索于2016年10月。

② Ibid.

③ www. fsa. usda. gov/Assets/USDA-FSA-Public/usdafiles/EPAS/PDF/afida _ thru _ 12312010. pdf，检索于2016年10月。

第四章　货币和银行系统与法律

美国全国性、各州和社区银行机构提供的银行服务范围非常广泛。这些服务包括流动资金贷款、不动产建设和定期贷款、小企业管理局和美国农业部贷款、保理费用和资产贷款、进出口融资以及信用证和外币交易以及融资租赁交易等融资方式。此外还有免税融资、利率互换、银行家的承兑融资、私人债务和代理服务。在个人层面上，还有个人银行服务、住房抵押融资、社区导向计划、代理帮助、折扣经纪服务以及信托和财务策划。

虽然作者不知道在联邦层级对国家银行的外国所有权是否有任何明示的禁止，但是可能由于设立一个金融机构需要的所有各种批准和备案，外资本质的所有权才会被仔细检查。并且气氛确实高度紧张。

请看上述重庆财信企业将收购芝加哥证券交易所的可能性。这是涉及金融机构的交易，尽管没有银行参与且不是银行本身。交易将由证券交易委员会和美国外国投资委员会程序进行审查，而且我们不知道所有这一切的可能结果。但新闻界和国会的反应与上述美国外国投资委员会讨论中提到的相同。

更为沉默的反应伴随着中国泛海控股集团将收购一家重要的美国保险公司即通用金融公司的宣布。这也涉及一个金融机构，我们将不得不看到这个交易在联邦和州层面必须经历什么样的过程。

因为很明显，在州层面对主要金融机构的活动有一些监管，尤其是对纽约州的监管。

纽约州金融服务负责人刚刚宣布，中国农业银行(银行)将支付 2.15 亿美元的罚款，并任命了一个监督违反纽约反洗钱法的独立监察员。罚款是与纽约金融服务署(DFS)签订的同意令的一部分，根据该命令，中国农业银行将立即采取措施纠正违规行为，包括直接向纽约金融服务署报告，以解决银行合规计划内部的严重缺陷并实施有效的反洗钱控制。

纽约金融服务署调查声称已经发现有意的不法行为，包括银行官员对通过纽约分行进行的美元交易行为，可能揭露其对制裁或反洗钱法的违反。此外，监管机构声称，中国农业银行使纽约分行首席合规官（CCO）保持沉默并限制其独立性，中国农业银行试图对分行管理提出严重关切，并对可疑活动进行内部调查，导致首席合规官最终辞职。

由于对洗钱的关切是调查的核心，监管者继续强调所谓违规行为的国际层面，指出发现中国农业银行采用不透明和回避的交易方式，包括通过全球银行间金融电讯协会（SWIFT）系统发送编码信息，这掩盖了交易的真实方面，并避免了纽约金融服务署的筛选。全球银行间金融电讯协会的电汇系统允许银行合规人员根据《银行保密法案》和《反洗钱法》、海外资产控制办公室条例以及金融服务署和其他监管机构的要求来筛选和监控交易。

纽约分行的合规人员也发现了令人震惊的交易模式，其中包括：

- 中俄两国公司之间的美元转移异常大；
- 从也门到中国的公司的美元付款异常大；
- 来自位于中东的贸易公司的潜在可疑美元计价付款；
- 土耳其银行客户为其阿富汗银行客户汇款的美元交易，这因美国财政部与哈马拉网络的联系与毒品贩运者和非法现金流有联系而为美国财政部所知；
- 涉及中国和俄罗斯的某些发票似乎是假冒或伪造的，而其他文件则表明与伊朗交易对手的美元交易——包括为受制裁的伊朗方面的利益而制定表明美元交易的文件——已经从全球银行间金融电讯协会的电汇中省去的信息。①

随着监管机构在其新闻稿中继续强调：“今天的行动强调了纽约金融服务署新的基于风险的反恐怖主义和反洗钱规定的重要性，这要求受监管的机构保持监测和过滤潜在的违反《银行保密法案》和《反洗钱法》的交易计划，并防止与受制裁实体进行交易。该规定自 2017 年 1 月 1 日起施行，要求受监管机构提交年度董事会决议或高级管理人员的合规证明，确认为符合该条例而采

① http://www.dfs.ny.gov/about/press/pr1611041.htm，检索于 2016 年 11 月。

取的措施。”①

请参阅更多联邦储备系统停止并终止命令的信息。②

很明显，联邦和州的监管机构在处理金融机构，无论是外国或国内所有权的任何使用美国金融网络和系统进行洗钱或违反制裁行为的可能性，都将具有攻击性和警觉性。重要的是要注意到，在这种情况下，政府坚持要任命独立监察员来控制中国农业银行纽约分行。所以救济不仅是一大笔的罚款，也是在一段时间内对银行内部合规职能责任的实际扣押。

① http://www.dfs.ny.gov/about/press/pr1611041.htm，检索于 2016 年 11 月。

② https://www.federalreserve.gov/newsevents/press/enforcement/enf20160929a1.pdf，检索于 2016 年 11 月。

第五章　涉及基础设施建设的法律

外国公司，尤其是中国公司，在基础设施方面的投资机会可能面临着上述美国外国投资委员会程序的障碍。事实上，被美国外国投资委员会具体涵盖作为审查领域之一的是“关键基础设施”，定义如下：

> (6)关键基础设施——“关键基础设施”一词，根据本节发布的规则，意味着系统和资产，无论是实体的还是虚拟的，对美国至关重要，以至于这些系统或资产失去功能或遭受破坏将会对国家安全造成削弱性的影响。[①]

法定定义没有明确提及机场、海运码头、铁路、主要高速公路、电力、电信或其他通常想到的基础设施实例，但很可能所有这些都符合遭受破坏便会对国家安全造成的削弱性影响的资产类型。就像你在美国的州际高速公路上旅行的一个例子，你可能会注意到指出高速公路的路标是一个“艾森豪威尔”州际交通工具——这就促使你记得州际公路系统本身是根据美国宪法的国防条款建成的，并有允许定期直行的规定，畅通无阻的公路为军用飞机提供了紧急着陆带。

财政部在对美国外国投资委员会条例的解释中阐述了“关键基础设施”概念的方法如下：

> 《最终规则》，在第 800.208 节中继续采用第 721 条的逐案处理方法和关于确定关键基础设施的《拟议规则》。根据这种方法，委员会决定

① https://www.treasury.gov/resource-center/international/foreign-investment/Documents/FINSA.pdf，检索于 2016 年 11 月。

> 是否：
>
> (1)被通知的特定交易是“关联交易”；
>
> (2)特定关联交易将导致外国管制美国的或美国境内的关键基础设施；
>
> (3)特定关联交易具有潜在的国家安全影响。
>
> 因此，关键基础设施的定义呈现出外国人因关联交易而有权控制的任何特定系统或财产失去功能或遭到破坏对国家安全的影响。根据这种方法，委员会不会将系统或资产的类别视为或不视为关键的基础设施。①

许多公私合作制被认为有许多机会参与这种基础设施。并且根据定义，组建这些公私合作制的努力包括州或地方政府实体的参与，其领导人是通过政治性选择或选举产生的。那些领导人将坚持认为，任何外国投资者，特别是中国投资者，在当前环境中的任何潜在的参与，都可以通过美国外国投资委员会排除。并且如果地方或州当局不这么坚持的话，竞争团体就会有同样的机会。

当然，美国外国投资委员会程序可能会排除外国投资者的参与。但是，要考虑到美国外国投资委员会的要求，会对任何希望赢得州或地方政府参与重大基础设施项目的团体造成机制性障碍。在考虑到合理的具体提议之前，美国外国投资委员会程序不太可能执行。并且为了达成一个具体的提议，可能需要数月或数年在州和地方层级的努力，涉及与多个潜在的私营合伙进行详细的谈判和规划。在整个过程中，国内潜在的私营合伙将会在潜在的外国私营合伙所做的任何承诺中，坚持不确定的内在原则。而实际情况是，美国外国投资委员会程序，会在漫长的州和地方谈判的尾声中出现，可能会对不适合州和地方公有合伙的立场的程序施加多重变化和限制。

如上所述，获得美国外国投资委员会关注的最快捷方法之一，是让国会或其他地方政治人物将项目视为可以评论或可以产生政治混乱的事情。每个收费公路、桥梁、跑道、疏通渠道、管道、电力线等都是国家和地方层级政治所关注的话题。

尽管这听起来像是劝阻外国投资者，尤其是中国投资者，参与公有民营项目。有一个不断增长的且非常重要的公私合作制的类别，并没有引起与关键基础设施相同的本能关注。这涉及非常有利可图的潜在商业地产领域。

---

① https://www.treasury.gov/resource-center/international/foreign-investment/Documents/CFIUS-Final-Regulations-new.pdf，检索于2016年11月。

任何公私合作制的核心都是利用公共资金、激励、税收抵免、信贷增值或一些其他公共融资机制,来实现一个重大项目的前景。虽然经典的建设—运营—转让项目概略可能会引发美国外国投资委员会的关注,因为其中许多项目会落在关键基础设施的标题下,但还有许多其他方式可以利用联邦、州和地方财政援助来完成可能由外国人拥有的重大项目,而不会引起美国外国投资委员会的相同关注。

在许多不同的可能性中,企业、贷方和投资者寻求利用一个或多个政府激励计划,来弥补与现有项目的恢复和新项目的建设相关的融资差距。他们可以使用如下方案:新市场税收抵免、历史性恢复税收抵免、企业区报销、住房与城市发展部联邦保险和美国农业部保证抵押计划和恢复税减免。

关于新市场税收抵免(NMTC),联邦和多个州的新市场税收抵免计划都涉及与构建和建成建筑、翻新和工作资本需求相关的社区发展实体、税收抵免投资者、杠杆贷款人和合格企业。

货币监理署以下列方式描述这些机会:

> 新市场税收抵免计划于 2000 年 12 月,根据 2000 年的《社区更新税减免法案》成立。1. 该项目由社区发展金融机构基金(CDFI 基金)和国税局(IRS)共同管理。2. 新市场税收抵免计划使用联邦税收优惠以吸引私人资本进入城乡低收入社区(LIC)的经营业务和房地产业务……
>
> 税收优惠资助了各种合格业务,包括商业和工业设施、零售和综合项目、社区设施、"绿色"能源生产设施以及经营业务的设备和运营资金。[①]

根据项目指引,为了获得新市场税收抵免的资格,必须在低收入社区进行投资,或为目标人群服务。如果可以的话,新市场税收抵免可以提供覆盖承担项目所需资金的关键差距。外资企业可以通过国内子公司或其他实体在这类项目中发挥各种作用。

关于历史保护税收抵免,联邦历史保护税收激励项目鼓励私营部门对恢复和重新利用历史建筑进行投资。它创造了工作,并且是全国最成功和最具成本效益的社区振兴项目之一。国家公园管理局和国家税务局与国家历史保护办公室合作执行该项目。所得税抵免可用于修复由内政部部长通过国家公园管理局确定为"认证历史性建筑物"的历史性创收建筑物。

---

① https://www.occ.gov/topics/community-affairs/publications/insights/insights-new-markets-tax-credits.pdf,检索于 2016 年 11 月。

不同的税收抵免可用于在1936年之前投入使用的非历史性建筑的修复。该建筑必须进行非住宅用途的修复。此外，在特殊情况下，历史性保护地役权是一种自愿的永久保护历史性财产的法律协议，通常是契约形式。通过地役权，财产所有人对发展或改变历史性财产做出限制，然后将这些限制转移给保存或保护组织。捐赠地役权的历史性财产所有人可能有资格获得税收利益，如联邦所得税的扣除。此处再次通过税收来源的信贷或减免，不同的政府实体能为有助于实现公共政策目标的私人项目的成功融资做出贡献。①

许多州和地方政府已经建立了在该区域内提供减免税收或激励措施的"企业区"。这些往往是旨在向该区域甚至特定的建筑物吸引有利于当地经济的就业机会。

《国内税收法》第42节的低收入住房税收抵免（LIHTC），为住房区域从事低收入住房税收抵免项目的设立、执行和遵从的非营利性和营利性的开发商、贷款人、投资者和集团公司提供了机会。并且在多户情况下，多户住房项目的免税债券融资和多户住房收入债券发行，包括使用来自联邦住宅管理局、美国农业部和政府国民抵押协会的信用升级的债券，以及由房利美（Fannie Mae）、房地美（Freddie Mac）或商业银行的信贷机构担保的债券也被利用。整个住房领域仍然是积极的激励措施和计划。

并且在农村，美国农业部提供"工商业（B&I）保证贷款项目"，以发展或资助企业、行业和就业，并改善农村社区的经济和环境气候。这个目的是通过保证能提供持久的社区效益的优质贷款，来实现增强现有的私人信贷结构。②

有时让外国投资者找到可以实施的项目并从所有这些政府项目中获利需要想象力和一些创造性的构想，但是在许多情况下应该是有可能的。

并且我们应该记住，许多政府项目都开始应对自然灾害，如美国南部的卡特里娜飓风。这些方案为那些对当前就业和收容机会需求做出回应的人们提供投资，从而既有助于实现政府计划又能从投资中受益。

并且还有其他有公共目的的重大建设项目，也因此经常涉及投资者所期望的从公有民营安排获得的那种融资和政府参与。

一个领域是重要场地和体育或娱乐场所的建设和运营。举个例子，你可以看看在亚特兰大格鲁吉亚为亚特兰大勇士队建造的新球场。以下摘录是格鲁吉亚最高法院支持新体育场财务安排的判决的正式摘要：

---

① https://www.nps.gov/tps/tax-incentives.htm，检索于2016年11月。

② http://www.rd.usda.gov/recovery/business.html，检索于2016年11月。

> 根据案件简报,在2013年科布县的代表,科布玛丽埃塔体育馆和展览厅管理局以及亚特兰大国家联盟棒球俱乐部公司开始讨论为勇士建造一个有41500个座位的体育场的计划。在2014年5月27日,科布县委员会批准管理局发行债券,双方签署了若干协议作为项目的基础。
>
> 新的体育场将建立在管理局收购的土地上,并将成为估价为6.22亿美元的公私合作制项目。管理局将发行最高额3.97亿美元的债券来支付建设新体育场的公共份额。该体育场将位于亚特兰大西北部I-75和I-285交汇处附近的坎伯兰地区。该体育场被命名为新"太阳信托公园",将取代位于亚特兰大市中心的特纳广场。除了借款3.97亿美元以外,还支付3.68亿美元的建筑成本加上借款成本和债务利息,该县计划为改善交通募集1400万美元,并从坎伯兰社区改善区的2个企业中筹集1000万美元。勇士队将贡献2.3亿美元。
>
> 作为债券发行人,管理局将保留对体育场、体育场所和某些停车场区域的所有权,直到债券完全退市,并且之后将所有权转让给该县。根据协议,勇士队拥有对体育场30年的独家许可使用权,可以选择续订5年。在那段时间结束时,勇士队可以选择以公平市场价值的50%购买体育场。债券的还本付息总额估计约为2500万美元每年。在前30年,勇士队每年将支付610万美元的许可费用,该费用将用于债券支付。①

在体育队或娱乐公司对该事项的所有者是外国所有的实体的情况下,可以看到这种可能性。举另一个例子,亚特兰大市中心的一个主要竞技场,既是亚特兰大老鹰队的场地也是音乐会的场所,其将通过包括该地区汽车租赁税收收入的融资方案进行重新设计。

因此,即使重大的关键基础设施项目可能包含一个美国外国投资委员会因素,这是一种障碍,也有许多重大项目涉及美国境内的许多重大投资机会,这些项目可以被视为没有任何真正的美国外国投资委员会可能性或劣势的公有民营企业。

---

① http://www.gasupreme.us/wp-content/uploads/2015/07/Jun29_2015_OS.pdf,检索于2016年11月。

第六章　与劳工管理和待遇有关的法律

工会作为有组织的工人的法定认可代表在美国发挥作用。工会所在的组织在协商集体谈判协议方面发挥重要的作用，该协议管理工资和福利并且通常包括关于工作条件和其他就业相关事宜的详细规则。

在美国，许多工人不是由工会代表的：相反，他们与雇主有个人关系，受制于某种雇佣条款以及适用于雇佣的联邦、州和地方法规的规定。

许多美国的州是所谓的自由雇佣州。这意味着，如果没有相反的合同，雇主可以用好的、坏的或无理由自由终止对雇员的雇佣。一般来说，在某些情况下，被解雇的雇员可能会对非法终止提出侵权索赔。自由雇佣理论受到存在规制雇佣关系的书面合同的限制，并且员工手册、指南或人事政策等就业文件也可以构成书面雇佣合同或默示雇佣合同。

第一节　最低工资

美国劳工部根据《公平劳工标准法》(FLSA)①的其他关键因素并根据《公平劳工标准法》涵盖范围广泛的雇员，将有关工资和加班时间的相关制定法总结如下：

> 《公平劳工标准法》确立了影响私营部门和联邦、州以及地方政府雇员的最低工资、加班费、记录保存和青年就业标准。涵盖的非豁免工人有权享有 2009 年 7 月 24 日生效的每小时不低于 7.25 美元的最低工资。

① https://www.dol.gov/whd/regs/statutes/FairLaborStandAct.pdf，检索于 2016 年 10 月。

工作周工作40小时后,加班工资不得低于正常工资的1.5倍。

• 《公平劳工标准法》最低工资:2009年7月24日,联邦最低工资为每小时7.25美元。许多州也有最低工资法。如果雇员受制于州和联邦的最低工资法,雇员有权获得更高的最低工资。

• 《公平劳工标准法》加班时间:涵盖的非豁免员工每周工作40小时以上的工作时间(任何固定的和定期的经常性的168小时——7个连续的24小时的周期)必须获得不少于1.5倍正常工资的加班费。16岁或以上的工作人员在任何工作周内可以工作的时间没有限制。《公平劳工标准法》不需要在周末、节假日或常规休息日支付加班工资,除非在这样的日子里有加班。

• 工作时间(PDF):工作时间通常包括雇员被要求在雇主的房屋、值班或规定的工作场所的一切时间。

• 记录保存(PDF):雇主必须出示一张官方宣传册,概述《公平劳工标准法》的要求。雇主还必须保留雇员的工作时间和工资记录。

• 童工:这些规定旨在保护未成年人的受教育机会,禁止他们工作中被雇佣和在对他们的健康或福利有害的条件下工作。①

如上所述,在最低工资方面,有多项州和一些地方规则,而且在2016年的总统竞选活动中,有很多关于提高联邦最低工资议题的讨论。持续不断的争议是关于哪些员工被《公平劳工标准法》"涵盖",哪些是"豁免"员工,即没有设定最低工资或加班时间要求的员工,如管理层或执行人员。

第二节 职业安全与健康

职业安全与健康管理局(OSHA)是美国劳工部的一部分。职业安全与健康管理局由1970年的《职业安全与健康法》②创建,旨在通过制定和执行标准,以及提供培训、外联、教育和援助来确保男女工人有安全健康的工作条件。职业安全与健康管理局特别发布并执行工作标准,以防止与工伤有关的伤害、事故和死亡。

还有州层面的职工工伤赔偿制度。大多数州都有一套复杂的工伤保险制度,

① https://www.dol.gov/whd/flsa/,检索于2016年10月1日。

② https://www.osha.gov/pls/oshaweb/owasrch.search_form? p_doc_type=OSHACT&p_toc_level=o&p_keyvalue=,检索于2016年10月1日。

向因工伤而不能工作的员工提供工资。一般而言，工人补偿金制度将适用于所有超过最低雇员数量的雇主，并且在某些情况下，雇主会在因雇佣而发生或在雇佣中发生的意外中获得专门救济。大多数雇主通过获得工伤保险来承担这一责任。

第三节 平等机会与非歧视

作为联邦法律和政策的问题，禁止私人雇主基于种族、肤色、性别、宗教或国籍进行歧视。陈述这些规则的主要法律是《民权法案》第七章。[①] 第七章的执行主要由平等就业机会委员会(EEOC)掌控。平等就业机会委员会还处理了对40～70岁之间工人的歧视的一些禁令，以及对性骚扰和执行同样的工作情况下对工人同工同酬的保护令。这些反歧视规则涵盖雇佣关系的所有方面，包括雇用、解雇、薪酬、工作分配、晋升、裁员、培训、附带福利以及任何其他雇佣期限或条件。

对于这些各种形式的工人保护，平等就业机会委员会以下列方式说明了禁止歧视的基本形式。

种族与肤色歧视：这种歧视涉及不利地对待申请人或雇员，因为他或她是某一种族或由于个人特征(如头发纹理、肤色或某些面部特征)与种族有关。

国籍歧视：这种歧视涉及不利地对待申请人或雇员，因为他们来自世界上某个特定的国家或地区，因为种族或口音，或因为他们似乎具有一定的种族背景(即使他们没有)，或是与这样的人结婚或相关联。

宗教歧视：这种歧视涉及不利地对待申请人或雇员，因为他或她的宗教信仰，无论这些信仰是传统的、有组织的宗教，如佛教、基督教、印度教、伊斯兰教和犹太教，还是一些其他真诚信仰的宗教、伦理或道德信仰。

性别歧视：这种歧视涉及由于该人的性别而不利地对待申请人或雇员。禁止性别歧视涉及的方面越来越多。[②]

此外，平等就业机会委员会强调，在歧视是因为受影响的申请人或雇员的已婚伴侣或联系人的情况下，会发生禁止歧视。并且平等就业机会委员会也注意到，它有责任根据残疾、怀孕、年龄、遗传信息或性骚扰来审查禁止歧视。

许多州也有类似的州法律和规则。

---

① https://www.eeoc.gov/laws/statutes/titlevii.cfm，检索于2016年10月。

② https://www.eeoc.gov/laws/index.cfm，检索于2016年10月。

第七章　环境法

环境法律合规是对美国任何投资一个特别重要的方面，尤其是在任何制造业中。环境事宜的管理集中在美国环境保护署(EPA)。也有许多州机构在环境监管中以类似的方式发挥作用。

环境事宜的管理包括空气和水的通常事宜，但是也强调对废物、农药、有毒物质、工业或废弃物场所的清理以及其他相关事宜的管理。

在各个受监管区域遵守美国环境保护署标准通常涉及聘请顾问和工程师，以制订合规计划并监督他们的进度和实施情况。

空气

《清洁空气法》(CAA)是一项综合性联邦法律，规定了固定和移动来源的气体排放。① 该法授权美国环境保护署制定国家环境空气质量标准(NAAQS)，以保护公共卫生和公共福利，并规范有害气体污染物的排放，以解决某些广泛的气体污染物带来的公共卫生和福利风险。②

水

《清洁水污染法》(CWA)确立了监管向美国水域排放污染物的基本结构，并规定了地表水的质量标准。③

废物

《资源保护和恢复法》(RCRA)授权美国环境保护署监管家庭、工业以及

① 42 U. S. C. § 7401 et seq. (1970).

② https://www.epa.gov/laws-regulations/summary-clean-air-act，检索于 2016 年 10 月。

③ 33 U. S. C. § 1251 et seq. (1972).

制造业固体和危险废物，旨在防止废物处理的危害；通过回收利用和恢复节约能源和自然资源减少或消除废物；以及清理可能溢出、泄漏或被不当处理的废物。[1]

当考虑对美国的制造业、发电或任何其他可能产生空气或水污染或废物的活动进行投资时，通常会有一个详细的涉及环境顾问的调查过程。调查的重点是如果存在任何合规性问题会如何，以及调查通常按层次，或称之为“阶段”。

环境合规是在美国做生意的代价。联邦、州和地方一级都有积极的监管机构，它们会提出建议或调查问题。

污染损害和违规责任严重，并且清理费用非常高。因此，来自美国境外的投资者应该特别注意尽职调查，以评估和了解未来合规和过去违规行为的成本。

① 42 U. S. C. § 6901 et seq. (1976).

第八章　与涉及外国实体的争议解决相关的法律

来自亚洲的投资者，尤其是来自中国的投资者，正在寻求在美国做生意或进行投资，最有可能依赖两种争端解决方式。第一种是利用美国的法院体系，在美国法院起诉对抗在美国的各方。第二种是在一个为美国法院所承认的具有在美国执行仲裁裁决资格的管辖区内进行国际仲裁。

在讨论这两种最有可能的争端解决方法之前，我们应该提及在某些情况下可获得或可协商的其他方法。例如在与美国方面的谈判投资或其他交易中可能坚持在美国以外的法院进行争端解决。一个外国投资者可以谈判并在协议中注明这些协议中的争端必须在中国法院专属解决，作为一个示例，并在协议中注明通知和服务流程，以及要求中国对协议有专有管辖权的必要机制。但是，如果投资者在中国法院获得了对美方不利的判决，那么对不愿意接受不利判决的败诉的美方应如何执行呢？投资协议可能会有自我执行的条款，在这种判决情况下，可以改变各方根据文件的所有权条款、定价或其他合同权利下的关系。但是由于缺乏这些自我执行的机制，或者倘若败诉的美国方面能够成功抵制或忽视所谓的自我执行机制，投资者应如何获得第三方的协助去执行判决呢？如果败诉的美方在美国境外的资产可以用来承担责任，例如在中国，也许可以通过使用资产所在地国家的法院制度来实现一些救济。但是这变得非常复杂。如果仅仅是对金钱的判决，那可能不如禁令救济或其他积极救济的判决复杂。但在任何情况下，当商业当事人无法做出解决方案时，第三方救济的执行是一个非常困难而且昂贵的过程。

并且当然有可能在美国境外使用仲裁，并获得一个有利的仲裁裁决，该裁决将在美国以外的司法管辖区执行，在那败诉的美方有资产或该国而非美国的法院系统可以到达该管辖区。

然而，为了本讨论的目的，我们将主要处理谈判中最有可能的两个可选方案，这些选项如上所述，首先通过在美国的原诉法庭执行，或其次通过位于美国或在其他地方的仲裁执行，即通过在美国的法庭诉讼强制执行。

本讨论对于正在谈判代表商务交易各种文件的人来说很重要。在美国，通常有冗长但非常详细的文件，作为执行任何主要业务交易的一部分。这些文件试图在各方达成最终协议之前解决业务争议，并制定在关系过程中出现的业务争议的解决程序或方法。

大多数时候业务问题无须诉诸争端程序就能得到解决。但有时候也不会发生。例如，可能会有一个意料之外的问题，或是一个预期的问题，双方留给它开放性的结果以便稍后做出决定，或是在原始商业交易之后有不同的解决问题观点的新人参与其中，或者人们只是改变想法并寻找改变交易的方式。

同样在谈判文件时，也必须预期到善意谈判的崩溃，并采取可以处理最糟糕的分歧的救济方式。可能预期到并提供仲裁作为解决争端的方法，因为仲裁是书面协议的产物。在预期到最糟糕的分歧时，必须要求第三方做出显然不可能通过谈判做出的决定，并且甚至要计划初步决定败诉的一方可能拒绝遵守并需要强制遵守的终局性。

最后，在合理可能的范围内，必须尽最大可能提出解释规则，以便在程序和结果中有更多的可预测性。用谈判的话来说，各方需要选择协议的准据法。

第一节　通过利用美国法院制度执行

像美国法律制度的许多方面一样，美国的法院制度有联邦方面和州方面。联邦法院主要由区法院、上诉法院和美国最高法院组成，其中区法院是初审法院。还有一些处理特别事项的专门法院。

并非所有案件都有资格在联邦法院审理。涉及联邦法律事务和涉及多州公民的案件（所谓的管辖权异议）构成了大部分符合条件的案件。

州法院是法院解决争端的替代性来源。大多数州的初审法院体系由一般管辖权法院和有限管辖权法院组成。而且一般来说，和联邦体系一样，州法院体系中有上诉法院和最高法院。

在州法院体系中，为了对非争议所在州居民的被告有属人管辖权，原告一般应符合州法律和美国宪法第十四修正案的规定。通常情况下，非居民被告必须符合州的长臂法管辖权规定,通常规定任何非居民自然人、公司、普通或有限责任合伙或任何无资格在州内从事经营业务的外国或其他公司(并受州法院管辖),在三种情况下应视为"做生意":

(1)如果此人与该州居民签订由任何一方在州内全部或部分履行的合同;

(2)如果此人在该州施行全部或部分侵权行为;

(3)如果此人在该州经营或执行任何性质的工作或服务。

如上所述,行使管辖权也必须符合第十四修正案中正当程序条款的规定。

美国的法律制度并不赞成在美国执行另一个国家法院做出的判决。在此讨论之后,你将看到一些有利于执行在另一个国家做出的仲裁裁决的规则,但这些规则并不适用于法院判决。

不愿执行外国法院的判决的一个例外就是对金钱的判决。这种例外情况因州而异,在美国并不统一。有两项统一的立法被多州采纳,有利于执行各种限制和资质的金钱判决。这两个法案是1962年的《统一外国货币判决承认法》和2005年的《统一外国货币判决承认法》。① 这两个法案已经在30多个州分别采用。

在讨论商业交易谈判中有哪些可获得或可实现的救济时,要记住在商业交易中通过多方协议来解决交易是有益的。而在那些现实世界的情况下,每一方都可能会有对最有效执行协议的方式有不同的期望,并对执行机制的需要有不同的预期。简而言之,例如,在一个商业交易中美方可能会发现美方对中方需要一个有别于中方对美方的执行机制。

谈判中协议应为每一方提供有效的救济措施的这个根本现实,与将国家特定的法院救济作为解决国际商业交易中争端的主要方式的决定背道而驰。在国际商业交易中,仲裁裁决在执行领域比法庭决定的判决受到更多的尊重。

因此,在商业现实事宜的谈判中,每一方都希望有一个最有可能使法庭赞成他方执行立场的争端解决方案。但是,赢得争议的初步裁决就并非很有用,如果做出判决的法庭的约束力不被下一个有权力和责任执行判决的法庭认可的话。所以在一个典型的谈判中,每一方开始都可以认为,其本国法院应该是解决争端的专属法庭,但谈判的最终结果往往反映出一个现实,即选择一个更公正的初审法庭,以便初审结果更有可能最终被执行。

---

① www.uniformlaws.org/shared/docs/foreign%20country%20money%20judgments%20recognition/ufcmjra_final_05.pdf,检索于2016年10月。

并且如下面的讨论所示，仲裁裁决比法院的判决更有可能被多个国家，如美国和中国的法院认为有约束力而强制执行。

第二节 在美国执行外国仲裁裁决

在美国，《联邦仲裁法案》要求执行仲裁裁决。正如美国最高法院所言，执行仲裁裁决是“联邦政策，基于《美国法典》第 9 卷第 1 节的《联邦仲裁法案》，支持执行仲裁协议和确认仲裁裁决”①。

这种有利于执行国际仲裁裁决的政策反映了美国是 1958 年《联合国承认和执行外国仲裁裁决公约》（通常被称为《纽约公约》）的缔约国。② 这个令人赞赏的协议由 156 个国家缔结，并且作为对在缔约国国内执行外国仲裁裁决的任何讨论的基础。19 个拉丁美洲国家是 1975 年《美洲国际商事仲裁公约》（通常被称为《巴拿马公约》）的缔约国。美国是《纽约公约》和《巴拿马公约》的缔约国，但由于没有亚洲国家是《巴拿马公约》的缔约国，因此本次讨论将侧重于《纽约公约》。

一般来说，例如包括美国和中国在内的国家，遵守《纽约公约》的国家都是为了处理商业事务的仲裁裁决，而且只有互相。此处的互相概念是一个区域概念，适用于承认在另一个遵守《纽约公约》的国家领土上做出的仲裁裁决。

例如，由于巴西没有加入《纽约公约》，如果中方和美方达成商业交易，并指定对协议争端下所进行的仲裁在里约热内卢发生，仲裁裁决在美国或中国执行时当然不享有《纽约公约》的利益，因为任何一方都根据互相原则承认仲裁裁决，而该裁决是在非《纽约公约》成员国的领土内做出的。即使双方的国家，美国和中国，都是《纽约公约》的成员国，这一点也是实况。

重要的是在起草商业交易文件时，要注意这些细节以确保所选择的争端解决条款的预期影响。

虽然地域问题，即仲裁的实际所在地，在对《纽约公约》的影响上具有重要性，但是双方指定哪个仲裁机构的问题并非如此。例如，合同可以规定仲裁由中国国际经济贸易仲裁委员会（CIETAC）执行和管理，或根据《联合国国际贸

---

① Shearson/American Express, Inc, v. McMahon, 482 U. S. 220, 226 (1987), citing Moses H. Cone Memorial Hosp. v. Mercury Constr. Corp, 460 U. S. 1, 24 (1983); Whirlpool Corp. v. Philips Elec., N. V., 848 F. Supp. 474, 478 (S. D. N. Y. 1994); Wall Street Assocs., L. P. v. Becker Paribas, Inc, 818 F. Supp. 679, 682 (S. D. N. Y. 1993), aff'd, 27 F. 3d 845 (2d Cir. 1994).

② http://www.newyorkconvention.org/english，检索于 2016 年 10 月。

易法委员会仲裁规则》，并指定香港国际仲裁中心（HKIAC）仲裁，或由新加坡国际仲裁中心（SIAC）根据《新加坡国际仲裁中心的仲裁规则》（SIAC 规则）执行，或由国际商会国际仲裁法院根据《国际商会仲裁规则》执行，或根据美国律师协会的《商业仲裁规则》，或任何其他组织或一套国际认可的仲裁程序。各种规则、程序和惯例以及仲裁员的可获得性以及由此产生的程序的成本和质量是有挑战性的，并且需要谨慎地做出决定。

获得《纽约公约》利益所必需的绝对因素之一是仲裁裁决是根据书面协议，并且书面协议中应包括合同中的仲裁条款或仲裁协议，由双方签署或包含在信件或电报的往来中。①

由于这是一个至关重要的因素，因此在你的文件中应该谨慎完成。例如，在某些其他协议（特别是可能涉及多方的协议）中交叉引用仲裁条款可能会导致真正的问题，无论双方签署的书面协议是否存在。

在谈判和文件中还有一些其他值得关注的机制性事宜，例如确保每一方在选择仲裁员方面都能发挥作用以确保正当程序的考量，各方在程序中有话语权，受到关注。当有多个当事人时，这些机制性事宜可能会变得相当复杂，有时候，完全不对任何一方有利的唯一任命方法就是让多方作为一个团体指定一名仲裁员，或者如果有多个仲裁员的话，甚至让仲裁机构而不是当事人指定所有的仲裁员。商业交易涉及多个文件，有时有不同的当事人，一个文件中的争议会涉及并要求与其他文件中与其他当事人有关的争议的解决。再次规划和认真起草可以帮助处理这些可能性，而没能预测和处理这些可能性可能会对合同方有效执行仲裁裁决的能力产生不利影响。

在谈判中，经常会在对执行产生直接影响的一些相关领域进行权衡得失的讨论。例如，如果一方认为仲裁是首选的救济，而不是在一个管辖区或另一个管辖区的法院进行诉讼，另一方可能会认为，协议的准据法应该作为他们的特权，是他们国家的准据法。或者也许谈判包括对什么语言应该是协议的作准语言的争议。谈判者经常把这些各种因素视为平等交换。

当然，在交易协议的谈判中，有许多商业因素是平等交换的，但与执行有关的这些因素常常在单独的谈判中被孤立，部分原因在于在处理诉讼与仲裁、准据法或作准语言的概念时，法律顾问令人更加舒服，而商业决策者令人不太舒服。但重要的是要记住，所有这些因素都是相互关联的。

例如，有些人会认为，最有意义的是使通常你在协议中选择和指定的系统

① 《纽约公约》第 2 条第 2 款，http://www.newyorkconvention.org/english，检索于 2016 年 10 月。

中服务的仲裁员，掌握准据法律和作准语言。因此，如果中国国际经济贸易仲裁委员会在中国的仲裁是在与美国的商业交易中选择的，那么评估中国法律应该是在美国的交易的商业文件的准据法，或中国语言应该是在美国的商业交易的作准语言的论点是否有说服力就显得至关重要。情况相同的是，如果交易事实上是一个涉及中国主要业务的交易，美国方面正在要求将美国法律作为准据法，将英语作为作准语言。想象一下，当这些各种因素被视为平等交换时，谈判中就可能出现创造性的论据和混乱的逻辑。这些各种事项的解决极大地影响了根据商业协议有效执行权利的可能性。

同样重要的是要注意到“美国法”作为协议准据法的想法几乎没有可理解的意义。在美国适用于协议解释的商法更多的是州法律因素而不是联邦法律因素，因此在上述所有这些讨论中，各方将争论哪个州的法律是准据法。而且这个法律因州而异，有时候很广泛，从特拉华州到加利福尼亚州到纽约州，或者其他任何一个有关州。如果在仲裁或诉讼中出现要求理解和解释准据法的法律解释问题，你很可能会看到有关州承认的律师的宣誓书，提出了州法律实际给手头问题提供的不同立场。

第三节　执行策略总结

在国际协议中，如涉及中国企业向美国实体投资或中国实体收购美国业务的一些商业交易协议，最合理的方法就是指定仲裁作为争议解决的救济方式。只要仲裁发生在《纽约公约》缔约国境内，中国投资者就享有在美国执行《纽约公约》的利益。为了平衡谈判，双方选择我国香港或新加坡作为仲裁地。由于此例中交易是在美国发生的，所以双方很可能选择美国的法律作为这些协议的准据法。此时最好选择最重要交易所在地的法律，尤其是如果它处在主要的地理位置；或选择商法具有国际声誉的州的法律，如特拉华州或纽约州。我们发现，在作准语言方面，达成交易时最好约定文件使用具有同等效力的英文和汉语普通话文本（或其他合适的语言），尽管这是昂贵并且耗时的。我们提出了用何种语言进行仲裁的关键问题。这一问题为合格仲裁员的可获得性、这些人的语言以及文件所驱动，这些能作为仲裁员所考虑的最有用和最重要的证据。坦率地说，如果交易地在美国，我们期望仲裁语言是英文，即使仲裁是在我国香港进行的。

译者：赵波

北京大学国际法学院博士研究生